# Historia de Alemania

*Una fascinante descripción de los principales acontecimientos y de sus figuras*

© Copyright 2025

Todos los derechos reservados. Ninguna parte de este libro puede ser reproducida de ninguna forma sin el permiso escrito del autor. Los revisores pueden citar breves pasajes en las reseñas.

Descargo de responsabilidad: Ninguna parte de esta publicación puede ser reproducida o transmitida de ninguna forma o por ningún medio, mecánico o electrónico, incluyendo fotocopias o grabaciones, o por ningún sistema de almacenamiento y recuperación de información, o transmitida por correo electrónico sin permiso escrito del editor.

Si bien se ha hecho todo lo posible por verificar la información proporcionada en esta publicación, ni el autor ni el editor asumen responsabilidad alguna por los errores, omisiones o interpretaciones contrarias al tema aquí tratado.

Este libro es solo para fines de entretenimiento. Las opiniones expresadas son únicamente las del autor y no deben tomarse como instrucciones u órdenes de expertos. El lector es responsable de sus propias acciones.

La adhesión a todas las leyes y regulaciones aplicables, incluyendo las leyes internacionales, federales, estatales y locales que rigen la concesión de licencias profesionales, las prácticas comerciales, la publicidad y todos los demás aspectos de la realización de negocios en los EE. UU., Canadá, Reino Unido o cualquier otra jurisdicción es responsabilidad exclusiva del comprador o del lector.

Ni el autor ni el editor asumen responsabilidad alguna en nombre del comprador o lector de estos materiales. Cualquier desaire percibido de cualquier individuo u organización es puramente involuntario.

# Índice

INTRODUCCIÓN: ALEMANIA ANTES DE SER ALEMANIA .......................... 1
CAPÍTULO 1: LAS ANTIGUAS TRIBUS GERMÁNICAS ............................... 3
CAPÍTULO 2: EL AUGE DEL SACRO IMPERIO ROMANO GERMÁNICO ........................................................................................................ 9
CAPÍTULO 3: EL ASCENSO DE BARBARROJA Y LOS CABALLEROS TEUTÓNICOS ................................................................. 20
CAPÍTULO 4: LA REFORMA Y MARTÍN LUTERO ..................................... 26
CAPÍTULO 5: LA GUERRA DE LOS TREINTA AÑOS Y LA PAZ DE WESTFALIA ...................................................................................................... 36
CAPÍTULO 6: LA ILUSTRACIÓN Y EL ASCENSO DE PRUSIA ............... 43
CAPÍTULO 7: LA ERA NAPOLEÓNICA Y LA CONFEDERACIÓN DEL RIN ................................................................................................................ 52
CAPÍTULO 8: DE LA REVOLUCIÓN A LA UNIFICACIÓN ...................... 59
CAPÍTULO 9: LAS GUERRAS MUNDIALES: AGITACIÓN Y TRANSFORMACIÓN ...................................................................................... 69
CAPÍTULO 10: LA POSGUERRA Y LA GUERRA FRÍA ............................. 83
CAPÍTULO 11: LA REUNIFICACIÓN Y ALGO MÁS: LA ALEMANIA MODERNA ........................................................................................................ 90
CONCLUSIÓN .................................................................................................. 94
VEA MÁS LIBROS ESCRITOS POR ENTHRALLING HISTORY ............ 96
REFERENCIAS ................................................................................................. 97
FUENTES DE IMAGENES ............................................................................. 98

# Introducción: Alemania antes de ser Alemania

Suena como un terrible oxímoron decir esto, pero hay que decirlo de todos modos. Alemania es a la vez antigua y relativamente nueva. La historia de esta singular parte del mundo se remonta a un pasado muy antiguo, pero el actual Estado alemán data de tan solo 1871. Este Estado-nación es bastante joven en comparación con muchos otros Estados-nación modernos. Incluso ese advenedizo recién llegado que son los Estados Unidos de América es más antiguo que Alemania, ¡ya que los EE. UU. se fundaron en 1776!

Sin embargo, cuando hablamos de historia alemana, estamos considerando algo más que el establecimiento del actual Estado de Alemania. Antes de que se establecieran las fronteras actuales de Alemania, hubo muchas otras encarnaciones de la estatalidad germánica.

Esta tierra histórica descansa en una importante encrucijada, donde Europa Occidental se encuentra con Europa Central. Otras naciones, como Francia, España y Gran Bretaña, están claramente definidas por fronteras geográficas. Muchas de estas fronteras se remontan a siglos atrás. Sin embargo, las fronteras de Alemania no están tan claramente definidas, y no se crean tanto debido a accidentes geográficos (ríos, montañas y océanos) como al pensamiento abstracto.

Es una región en la que innumerables grupos humanos han ido y venido a lo largo de la historia y han establecido diversas coaliciones entre sí. De hecho, esta evolución regional puede rastrearse hasta los neandertales, que recibieron su nombre del «Valle de Neander» de Alemania, donde se encontraron sus restos óseos. Los neandertales, considerados primos homínidos de los humanos Los neandertales prosperaron durante bastante tiempo antes de enfrentarse a un evento de extinción masiva. Nadie está seguro de qué sucedió exactamente con los neandertales, pero se cree que se vieron profundamente afectados por la llegada de los *Homo sapiens* (humanos modernos). Puede que estos primeros humanos los mataran o que se cruzaran con ellos; puede que fuera una combinación de ambas cosas. En cualquier caso, las personas que siguieron sus pasos empezaron a asentarse y a cultivar la tierra. Con su fuente de alimentos asegurada, empezaron a perfeccionar su lengua y su cultura. Dado que estos grupos de pueblos existieron antes de cualquier registro histórico, se clasifican por los artefactos que dejaron tras de sí. Por ejemplo, se cree que la cultura de los vasos de embudo, llamada así por la cerámica que fabricaban, prosperó en la región hacia el 3900 a. e. c. y siguió siendo una presencia predominante hasta el 600 a. e. c.

Los pueblos prehistóricos, como los de la cultura de los vasos de embudo, pronto serían suplantados por un grupo tribal mucho más sofisticado conocido como los celtas. Los celtas llegarían a dominar gran parte de Europa central y occidental, extendiéndose desde el continente hasta Gran Bretaña. Los celtas acabarían enfrentándose al creciente poder mediterráneo de los romanos.

En el año 390 a. e. c., las tribus celtas asaltaron Roma, que era la capital de lo que entonces era la República romana. Estos pueblos germánicos entraron por primera vez en el registro histórico debido a sus encuentros con los romanos. Con el paso del tiempo, la creciente potencia de Roma tuvo que enfrentarse a las salvajes tribus germánicas de sus fronteras. Dejando a un lado todos los oxímoron, esta confederación de guerreros errantes era Alemania antes de ser Alemania.

# Capítulo 1: Las antiguas tribus germánicas

La noción de un Estado-nación llamado Alemania que ocupa un espacio en algún lugar de Europa Central está tan arraigada en la conciencia moderna que puede resultar un poco chocante darse cuenta de que Alemania, tal y como la conocemos hoy, no existió durante gran parte de la historia registrada. Es cierto que ha habido pueblos, lenguas, costumbres, principados e incluso varios pseudoimperios germánicos durante miles de años. Sin embargo, el Estado-nación actual de Alemania no surgió realmente hasta el siglo XIX.

Como ya se ha mencionado, la historia de Alemania es mucho más profunda. La primera designación de una región germánica se debió a Julio César. Sí, este aspirante a dictador de la República romana condujo a sus ejércitos a las tierras salvajes de Europa Central, donde se encontró con feroces tribus germánicas. Acabó llamando a la región Germania.

Tras la muerte de Julio César y la transformación de la República romana en Imperio romano, el emperador romano Augusto se mostró decidido a poner en orden a las tribus germánicas del norte del imperio. Envió tropas a las fronteras de la Galia romana (Francia), más allá del río Rin, y a la propia Germania.

En un principio, los romanos pudieron someter a los germanos, pero en el año 9 de la era cristiana ocurrió algo inesperado. Estalló una revuelta y una enorme fuerza alemana rodeó las posiciones romanas. La batalla del bosque de Teutoburgo vio cómo toda una legión de las mejores tropas de Roma era pulverizada. Los romanos se retiraron, y los puestos avanzados en Germania se perdieron. Augusto quedó tan conmocionado por este suceso que ni siquiera intentó retomar el terreno perdido. No fue hasta que le sucedió el emperador Tiberio en el año 14 e. c., cuando se enviaron nuevas expediciones para intentar domar a los germanos.

Tiberio no tuvo mucho éxito y, tras varios intentos fallidos, decidió mantener las fronteras romanas en el Rin y dejarlo así. Justo al oeste del Rin, los romanos establecieron las provincias de Germania Superior y Germania Inferior.

Quizá la referencia histórica más conocida sobre Germania de aquella época sea la obra del historiador romano Tácito, cuya obra *Germania* pretendía describir la región y su gente tal y como los romanos las entendían en aquella época. Esta obra, de la que se dice que fue elaborada hacia el año 98 de nuestra era, describía a las tribus germánicas como salvajes e indómitas.

Como indicación de su percibida naturaleza belicosa, describió célebremente que el rito de iniciación de los jóvenes germanos consistía en la entrega de armas, mientras que para los romanos era la colocación de una toga[i]. Ambos representan artículos de importancia para ambas civilizaciones, con la toga romana representando el refinamiento intelectual y la responsabilidad, y la espada germana representando el poder desenfrenado.

---

[i] Ozment, Steven. *A Mighty Fortress.* 2004. Pág. 22.

Una figura romana de bronce que representa a un hombre germánico[i]

Aunque Tácito describió a los germanos como bárbaros, expresó su admiración por su tenacidad. Admiraba especialmente el hecho de que los germanos parecían elegir a los líderes tribales en función de sus hazañas en la batalla. El liderazgo se basaba más en el mérito que en la herencia.

Otra observación interesante que hizo Tácito sobre estas tribus germánicas fue lo que él consideraba su naturaleza más bien transparente. En lugar de comportarse con los astutos manierismos maquiavélicos a los que estaban acostumbrados los romanos, describió a los germanos como personas que no se guardaban nada en lo referente a sus sentimientos. Como dijo Tácito, «soltaban sus pensamientos más íntimos: cada alma [se desnudaba]»[i].

---

[i] Ozment, Steven. *A Mighty Fortress*. 2004. Pág. 22.

Se podría argumentar que este rasgo de franqueza se ha transmitido, ya que es algo que podemos ver en la cultura alemana actual. A muchos de los que visitan Alemania les ha sorprendido la franqueza de la conversación alemana. Y si alguien ha asistido alguna vez a un curso de alemán, podría estar prevenido para no tomarse a mal una expresión como «Wie geht es Ihnen?» («¿Cómo estás?») a la ligera. En el mundo angloparlante, nos saludamos frecuentemente con esta pregunta, sin esperar nada más que una simple respuesta de «Bien». Pero si le preguntara a un alemán: «Wie geht es Ihnen?», podría llevarse una bronca inesperada. Pregunte a un desconocido al azar en una calle alemana cómo le va, ¡y podría entrar en una diatriba sobre cómo se despertó con un terrible dolor de cabeza, llegó tarde al trabajo y fue reprendido por su jefe!

Los pueblos de la Galia romana y la Germania romana tendían a mezclarse. Las tribus germánicas se asaltaban unas a otras a ambos lados del Rin, tanto como se entremezclaban. Aunque hoy tenemos una concepción distinta de los que son franceses y los que son alemanes, no era así en aquella época.

Los pueblos germánicos encajan en una amplia categoría de tribus tanto en Germania como en la Galia, por lo que existe mucha confusión sobre quién debe considerarse germánico en primer lugar. Los historiadores aún luchan por dilucidar si una figura tan venerada como Carlomagno debe considerarse francesa o alemana. La mayoría, sin embargo, sostiene que Carlomagno y sus hermanos francos eran una amalgama de ambos. Eran pseudofranceses y pseudoalemanes, ya que ninguna de las dos nacionalidades existía en aquella época. Los antepasados de estas regiones se entremezclaron prolíficamente entre sí.

Este mestizaje creó la potencia conocida como el reino de los francos. De nuevo, algunos ven el origen de Francia en los francos, mientras que otros ven raíces germánicas. No obstante, el reino franco sí procedía de tribus germánicas que se asentaron en Europa central y occidental.

Los francos no eran entonces la única tribu germánica de la región. Tenían muchos competidores, principalmente en forma de los visigodos, los ostrogodos, los lombardos y los vándalos. De estos cuatro grupos, los visigodos resultaron ser los más problemáticos para los romanos.

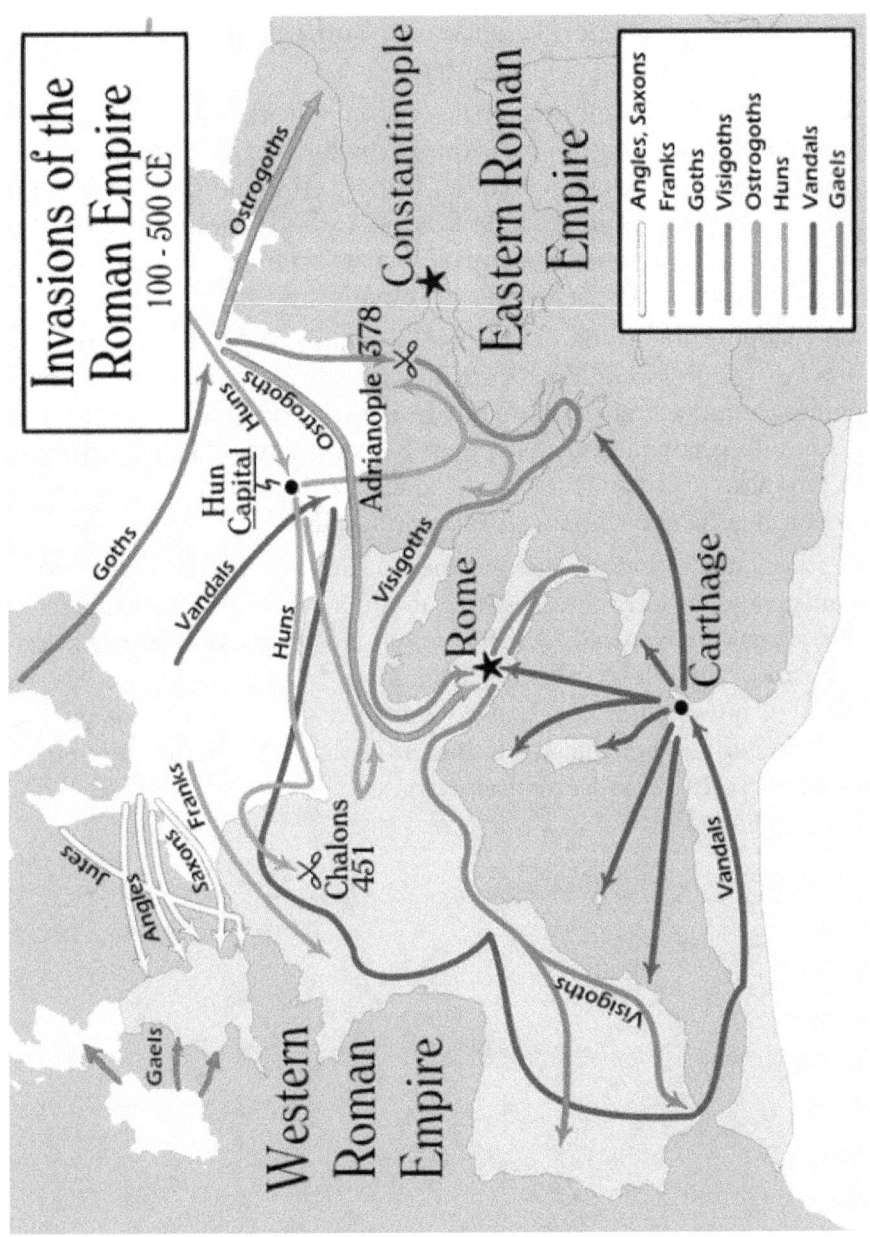

Invasiones del Imperio romano por tribus germánicas [a]

Los visigodos participaron en muchos enfrentamientos contra los romanos a finales del siglo IV y principios del V e. c., que culminaron con una descarada invasión de la propia Roma en el año 410. Esta invasión fue dirigida por el caudillo visigodo Alarico. Alarico y sus guerreros enviaron una tremenda conmoción a través del Imperio romano, ya que saquearon la ciudad de Roma de todos sus objetos de valor, agotando la moral del romano medio[i].

Sin embargo, quizá aún más consecuente que el saqueo de Roma fue el hecho de que muchas de las tribus germánicas se habían integrado en el ejército romano. Hacia el final del Imperio romano de Occidente, los guerreros germánicos fueron utilizados cada vez más como tropas auxiliares. Estos pueblos germánicos lucharon junto a los romanos y se familiarizaron bastante con la cultura romana[ii].

Tras la inevitable caída del Imperio romano de Occidente en el siglo V, una larga sucesión de diversas tribus guerreras germánicas condujo al surgimiento de los francos, dirigidos por su indomable líder, Clodoveo. Este caudillo germánico conocía bien a los romanos. Había servido con ellos en varias campañas antes del colapso de Roma. Estaba influido tanto por el gobierno romano como por la religión católica romana.

Se dice que Clodoveo experimentó una profunda conversión al cristianismo y, en lo que se consideraba una «costumbre germánica», su pueblo siguió su ejemplo. Así fue como los francos se convirtieron al cristianismo. Sus descendientes acabarían formando un superestado germánico, que incluía la actual Alemania, Francia y el norte de Italia. Este reino germánico, que vio la luz en el siglo IX, llegaría a conocerse como el Sacro Imperio Romano Germánico.

---

[i] Benjamin, G. Craig. *The Big History of Civilizations*. 2016. Pág. 184.
[ii] Ozment, Steven. *A Mighty Fortress*. 2004. Pág. 25.

# Capítulo 2: El auge del Sacro Imperio Romano Germánico

En el año 768 de la era cristiana, Carlos el Grande, más conocido como Carlomagno, recibió una gran herencia. Le fue legado un extenso dominio que abarcaba desde el centro de Alemania hasta los Pirineos. Carlomagno fue un gobernante de éxito y pronto pudo ampliar aún más sus dominios hasta que su poder llegó hasta el centro de Italia.

Esto puso a Carlomagno en estrecho contacto con el papa de la Iglesia católica romana, León III, que era un virtual jefe de Estado sobre sus propias y menguantes posesiones en Roma. Desde la caída del Imperio romano de Occidente, el papa había estado haciendo tejemanejes con gran cantidad de caudillos para mantener su cabeza a flote. Todavía había un emperador en la capital oriental de Constantinopla, de habla griega, pero el emperador oriental, al que tradicionalmente se consideraba responsable de proteger al papa, apenas podía hacer nada cuando llegaba la hora de la verdad.

Esto llevó a los papas a convertirse en realistas maquiavélicos de temperamento, poniéndose del lado de quien fuera más adecuado para preservarlos a ellos y a la iglesia. Sin embargo, el papa León III había entrado en conflicto con sus benefactores habituales. Acababa de suceder al papa anterior, Adriano I, y había facciones que no aprobaban su sucesión. Dos de los sobrinos de Adriano, Paschalis y Campulus, en particular, no aprobaban al nuevo papa y empezaron a provocar problemas[i].

---

[i] McCabe, Joseph. *A History of the Popes.* 1939. Pág. 172.

Paschalis y Campulus (al igual que su tío Adriano) pertenecían a una prominente familia romana y se sentían con derecho a intentar influir en el discurso público como considerasen oportuno. Estaban consternados cuando León III fue elegido papa y querían hacer oír su descontento. Impulsaron a otros a su causa.

El 25 de abril del año 799, durante la fiesta religiosa de San Marcos, algunos de los más ruidosos de estos disidentes atacaron[i]. El papa León III encabezaba una procesión religiosa por las calles de Roma. El papa iba montado sobre un caballo, y el resto de su clero lo seguía detrás. Cabalgaban junto al papa nada menos que Paschalis y Campulus.

A primera vista, parecía que los dos hermanos habían superado temporalmente sus diferencias con el papa para solidarizarse con motivo de la fiesta religiosa. Pero no fue así. Los dos habían apostado en secreto un grupo de hombres fuertemente armados a lo largo de la ruta de la procesión, y estaban preparados para tender una emboscada al papa. Y efectivamente, en cuanto el papa se les acercó, saltaron de sus posiciones y comenzaron su asalto.

Derribaron al papa de su caballo y luego lo tiraron a un lado. Intentaron cortarle la lengua al papa y dejarlo ciego. Esto era un signo de deshonra en aquellos tiempos. Alguien a quien se le extirpaban los ojos y la lengua era visto típicamente no solo como castigado adecuadamente, sino también como eliminado por completo como amenaza. Sería difícil para los líderes (reyes, emperadores e incluso papas) continuar en un papel de liderazgo después de haber sido cegados. ¿Y cómo podrían dar órdenes sin su lengua?

No está del todo claro lo que ocurrió a continuación ni la gravedad de las heridas que sufrió el papa León III. Existen historias legendarias sobre este acontecimiento. Afirman que efectivamente le arrancaron los ojos al papa, pero que más tarde volvieron a colocárselos milagrosamente en sus cuencas oculares[ii]. Otros relatos insisten en que ese día había suficientes partidarios del papa y que pudieron intervenir y ahuyentar a los atacantes antes de que ocurriera nada demasiado dañino.

En cualquier caso, tras este terrible altercado, el papa León III recurrió al poderoso rey Carlomagno, que había ampliado su alcance hasta sus puertas, en busca de protección. Algunos nobles protestaron por esta protección y enviaron una acusación a Carlomagno, que

---

[i] McCabe, Joseph. *A History of the Popes.* 1939. Pág. 173.
[ii] McCabe, Joseph. *A History of the Popes.* 1939. Pág. 173.

acusaba al papa de varios delitos, entre ellos la corrupción y la mala gestión general del papado. Carlomagno envió a algunos de sus propios nobles a investigar estas acusaciones, pero finalmente no encontraron culpabilidad alguna en el papa[i].

El papa León III devolvió finalmente el favor que Carlomagno le había hecho. En reconocimiento del creciente poder de Carlomagno y de la menguante influencia del Imperio romano de Oriente, el papa León III coronó emperador a Carlomagno el día de Navidad, 25 de diciembre de 800 e. c. Algunos creen que el papa León III lo hizo bajo coacción, pero no hay pruebas que permitan afirmar una cosa u otra. Es posible que el papa León III lo hiciera para fortalecer su propia posición. ¿Qué sería mejor para el papado que alinearse con el gobernante más fuerte de Europa?

Aunque es complicado precisar fechas exactas, algunos marcan este día como el momento en que nació el Sacro Imperio Romano Germánico. Otros eruditos creen que el Sacro Imperio Romano Germánico comenzó con Otón I porque el imperio de Carlomagno no duró tanto.

Este movimiento envió ondas de choque por todo el mundo cristiano y acabaría provocando un cisma entre Oriente y Occidente. El Gran Cisma no se produciría hasta 1054, pero el largo proceso de desencuentro entre las Iglesias de Oriente y Occidente ya había comenzado en el año 1000 de nuestra era. Aunque el papa no tuvo más remedio que aliarse con el poderoso Carlomagno, los jefes de Estado y de Iglesia orientales clamaron herejía, y comenzaron a surgir fracturas entre la Iglesia católica latina y la Iglesia ortodoxa griega.

Curiosamente, por mucho que la coronación de Carlomagno fuera recibida con desdén por los cristianos orientales, en realidad fue reconocido por los musulmanes orientales. Esta nota a pie de página de la historia se pasa por alto, pero se ha dicho que en este mundo anterior a las cruzadas, Carlomagno estableció embajadas en Jerusalén e incluso en Bagdad. Al parecer, estaba ansioso por apuntalar las relaciones diplomáticas con los poderosos islámicos de Oriente Próximo.

Sus esfuerzos tuvieron cierto éxito. En octubre de 802 e. c., el califa Harun al-Rashid de la dinastía abasí envió a Carlomagno un regalo bastante extravagante para felicitarlo por su coronación. Reconociendo

---

[i] McCabe, Joseph. *A History of the Popes*. 1939. Pág. 174.

adecuadamente al nuevo «elefante en la habitación», envió al nuevo emperador romano de Occidente (título disputado por los emperadores romanos de Oriente) un elefante. El califa también envió extravagantes túnicas de seda, especias exóticas, perfumes caros e incluso un reloj de agua. Sin embargo, el elefante, supuestamente llamado Abu al-Abbas, fue el regalo más citado en las crónicas de la época.

Al parecer, Carlomagno amaba a su elefante y también le gustaba la idea de mantener abiertas las puertas diplomáticas en Oriente Próximo. Por mucho que el cristianismo y el islam estuvieran enfrentados durante esta época, Carlomagno estaba dispuesto a dejar de lado las diferencias religiosas si podía forjar una alianza beneficiosa para ambas partes. Tampoco puede olvidarse que tanto Carlomagno como el califa tenían un potencial enemigo común encarnado en los descontentos bizantinos.

En aquella época, los bizantinos estaban gobernados por la emperatriz Irene. Teniendo en cuenta la disparidad entre los gobernantes masculinos y femeninos de la época, la emperatriz Irene no siempre recibió el reconocimiento que merecía. El hecho de que ahora el papa le hubiera dado la espalda en favor de Carlomagno no ayudó a esta situación.

La emperatriz bizantina no estaba contenta con la reivindicación de Carlomagno como emperador, pero incluso si fuera capaz de reunir un ejército suficiente para desafiar a las fuerzas de Carlomagno en la batalla, tenía que preocuparse de que el califa se aliara con Carlomagno. Eso abriría un segundo frente justo en el patio trasero del gobernante bizantino.

También había otra razón, quizá aún más práctica, para que Carlomagno se alineara con el califa Harun al-Rashid y la dinastía abasí. Los abasíes habían derrocado y suplantado a una dinastía islámica anterior, los omeyas. Habiendo sido expulsados de Bagdad, los omeyas habían establecido su nueva base en Córdoba (España), que seguía bajo dominio islámico en el momento de la coronación de Carlomagno.

Los omeyas representaban una amenaza real para las fronteras meridionales de Carlomagno. Al mantener una alianza con los abasíes, Carlomagno se dio un respiro considerable. Ni los omeyas ni los bizantinos estaban dispuestos a avivar la ira de los poderosos abasíes y francos.

Todo esto demuestra que Carlomagno no era solo un poderoso rey guerrero. También fue un pragmático intermediario político. Conocía la *realpolitik* de la época y trató de utilizarla en su propio beneficio.

Carlomagno fue un benévolo mecenas del papa y de la Iglesia católica. Dejó al papa el control de Roma e incluso le regaló más territorio mientras mantenía el control de gran parte del norte de Italia, Francia y Alemania.

La emperatriz Irene fue depuesta en 802 y fue sucedida por el emperador Nicéforo I. Oriente y Occidente se unirían entonces brevemente cuando el emperador bizantino aceptó el Tratado de Aquisgrán, que reconocía a Carlomagno como emperador de Occidente, siempre y cuando Carlomagno prometiera mantenerse alejado de los territorios mediterráneos a los que los bizantinos habían intentado aferrarse desesperadamente, como la importante ciudad portuaria de Venecia.

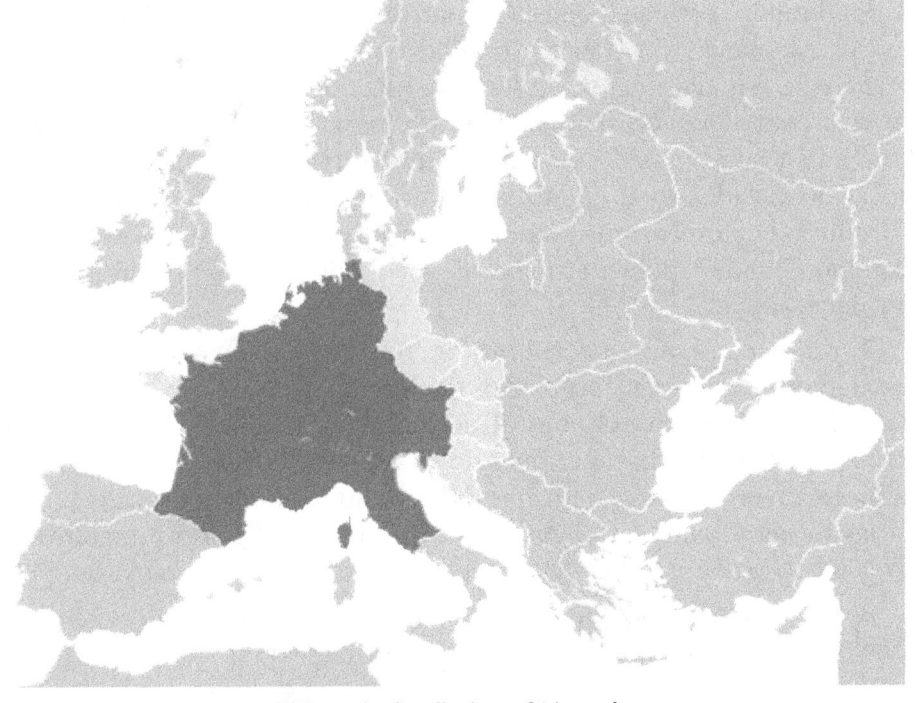

El Imperio Carolingio en 814 e. c. [a]

Carlomagno murió finalmente en 814 e. c. y cedió su reino a su hijo, Luis el Piadoso. Luis encontró difícil gobernar el gran imperio y decidió dividir el territorio entre sus tres hijos: Luis, Lotario y Carlos el Calvo.

Tan pronto como se ideó este nuevo sistema, los tres sucesores empezaron a pelearse por él. Las discusiones sobre quién se quedaría con qué condujeron a un conflicto armado. El asunto se resolvió finalmente en 843 e. c. mediante el Tratado de Verdún.

Este tratado entregó la región de Francia Occidental, que básicamente constituía las fronteras modernas de Francia, a Carlos el Calvo. La región conocida como Francia Oriental, que consistía aproximadamente en lo que hoy conocemos como Alemania, pasó a manos de Luis. Lotario se llevó la peor parte, ya que se le concedió una franja de tierra extremadamente estrecha, encerrada directamente entre Francia Occidental y Oriental. Fue bautizada como Lotaringia.

Lotaringia era estrecha, pero era larga, pues llegaba desde el norte de Italia hasta los Países Bajos. También era totalmente indefendible. El pobre Lotario debía de saber que se enfrentaría a la agresión armada de sus dos hermanos a ambos lados de sus dominios si los enfurecía.

La Francia Oriental constituía aproximadamente los límites de la actual Alemania y estaba formada por los ducados alemanes de Franconia, Sajonia, Suabia y Baviera. Estas tierras se unirían más tarde en una confederación bajo el rey Enrique el Pajarero en 919 hasta el final de su largo reinado en 936. Como se puede adivinar, este rey era un ávido cazador y se dedicaba al fino arte de la cetrería. El término «Regnum Teutonicorum» vino a designar las tierras del rey Enrique. El término puede traducirse aproximadamente como «Reino de los germanos».

Enrique consiguió incorporar de nuevo Lorena al reino alemán, apoderándose de este territorio totalmente francés en el 925 e. c. También se hizo con el control de Bohemia y se adentró en Sajonia. Invadió Dinamarca hacia el final de su reinado, con lo que la región de Schleswig también pasó a formar parte de sus dominios. Enrique colocó varias fortificaciones a lo largo de las fronteras del reino y mantuvo un ojo cauteloso sobre los magiares, que movían el sable hacia el este.

A la muerte de Enrique en 936, Otón I fue nombrado rey por el arzobispo de Maguncia y Colonia en la ciudad de Aquisgrán. Tuvo verdaderamente mucho trabajo por delante. Uno de sus mayores logros fue asegurar la Marca Bávara Oriental, que había estado amenazada durante algún tiempo por los invasores magiares húngaros. Otón derrotó a los magiares y la Marca Bávara Oriental pasaría a convertirse en la Austria germanoparlante.

Otón también consiguió ampliar la frontera oriental tradicional de Alemania hasta el río Oder. Este es el actual límite oriental de Alemania en la actualidad. A continuación, Otón campó a sus anchas por Italia y consiguió hacerse con la autoridad sobre quién podía convertirse en abad o en obispo.

Esta poderosa influencia en la Iglesia católica vino acompañada de la supuesta responsabilidad del rey alemán como protector de la Iglesia romana y del papa. Otón fue reconocido oficialmente como el emperador del Sacro Imperio Romano Germánico. Es un término confuso, y más tarde inspiraría la burla de grandes satíricos, como Voltaire, que una vez comentó que el Sacro Imperio Romano Germánico no era ni santo ni romano, ni siquiera un verdadero imperio. Sin embargo, fue un término que permanecería vigente durante bastante tiempo.

El Sacro Imperio Romano Germánico entre los años 972 y 1032 e. c. '

Ciertamente, el imperio no estaba exento de problemas. El hecho de que el emperador estuviera a cargo de los nombramientos de obispos y abades fue fuente de grandes desacuerdos. La primera crisis real entre la Iglesia católica y el estado alemán tuvo lugar durante el reinado de Enrique III. Enrique reinó de 1046 a 1056, y durante este periodo, la Iglesia católica se encontró en un momento de transición. Enrique III tuvo que hacer frente a una crisis papal, que dejó a la Iglesia católica sin un líder eficaz en el trono pontificio. En un momento dado, tres papas diferentes reclamaron ser el pontífice: Benedicto IX, Silvestre III y Gregorio VI. Enrique III zanjó el asunto, deponiendo a todos ellos antes de nombrar papa siguiente a Sudiger de Bamberg, también conocido como Clemente II. Aunque el papa había coronado al primer emperador del Sacro Imperio Romano Germánico, Carlomagno, en el año 800, Enrique III inició una nueva tradición consistente en que el emperador del Sacro Imperio Romano Germánico se convirtiera esencialmente en un hacedor de reyes papal.

Durante los dos últimos años del reinado de Enrique III, las fracturas entre las Iglesias occidental y oriental llegaron finalmente a un punto crítico, dando lugar al Gran Cisma en 1054. El Gran Cisma se produjo por diferencias en las prácticas ritualistas de las dos iglesias y en la noción de dónde debía de situarse la máxima autoridad terrenal. El papa creía que era el gobernante supremo, mientras que el patriarca opinaba lo contrario. La Iglesia oriental había criticado durante mucho tiempo la aparente subordinación de la Iglesia occidental a los gobernantes occidentales, como Enrique III, y decidió cortar definitivamente los lazos.

Tras la muerte de Enrique III en 1056, el papado intentó reformar el sistema para que la Iglesia católica tuviera más voz sobre quién se convertiría en papa que el Estado. Esta discordia llegó a su punto álgido en 1078 con la Controversia de las Investiduras, que se inició bajo el papa Gregorio VII. Esto enfrentó al papa Gregorio VII con el emperador del Sacro Imperio Romano Germánico Enrique IV. Enrique estaba muy bien con el sistema de nombramientos de obispos y abades, y estaba profundamente consternado de que este papa quisiera interferir con el *statu quo*.

Enrique llegó incluso a intentar anular la condición de papa de Gregorio. Empezó a referirse a él como «Hildebrando». Este era el nombre original del papa Gregorio VII antes de convertirse en pontífice en 1073. Enrique intentaba afirmar que Gregorio nunca debería de haber llegado a papa en primer lugar y que su estatus actual no era válido.

El ascenso de Gregorio a la posición de papa no estuvo exento de polémica. Enrique aprovechó el descontento por su elección y lo utilizó para criticarlo. También convocó a un grupo de obispos alemanes que estaban bajo su influencia y les hizo firmar una carta que condenaba y fustigaba oficialmente al papa. La carta estaba llena de todo tipo de propaganda e insinuaciones contra el papa, acusando al papa Gregorio de un sinfín de infracciones. En un momento dado, incluso insinuaba que Gregorio mantenía una relación impropia con una de sus feligresas. Se hicieron copias de la carta y circularon por todo el Sacro Imperio Romano Germánico. Estaba diseñada para ser lo más escandalosa e incendiaria posible, pero el papa Gregorio se negó a echarse atrás. De hecho, tomó la drástica medida de excomulgar a Enrique.

Enrique era visto como un hereje en desacuerdo con la Iglesia católica romana. Esto no era algo fácil de afrontar para Enrique en aquella época, y significaba que muchos de los que se suponía que estaban a su cargo empezaron a cuestionar activamente su propia autoridad para reinar. En esencia, tanto el papa como el emperador del Sacro Imperio Romano Germánico insistían en que ninguno de los dos era lo bastante legítimo o apto para gobernar.

Las dos cabezas del mundo medieval occidental se habían enemistado completamente. Enrique IV, sin embargo, subestimó el apoyo que el papa tenía de los nobles alemanes y al final se vio obligado a pedir perdón al papa. Se dice que Enrique IV se quedó descalzo en la nieve a las puertas del castillo de Canossa, en los Alpes, donde se había refugiado el papa. Enrique pidió al papa que anulara su excomunión.

El papa Gregorio se dio cuenta de que le convenía hacerlo, y finalmente cedió y lo hizo. En esta ronda de batallas entre la Iglesia católica y el Sacro Imperio Romano Germánico, el papa salió claramente victorioso, al igual que los diversos príncipes alemanes que apoyaron al papa en lugar de a Enrique IV. A partir de este momento, los príncipes alemanes y, más tarde, los electores alemanes serían cruciales para la elección del emperador del Sacro Imperio Romano Germánico y su capacidad para mantener el poder.

Sí, la Iglesia católica había ganado este asalto, pero este no era el final de la historia. Tan pronto como el papa retiró su excomunión a Enrique IV, se desató una guerra civil entre Enrique y una parte sustancial de los príncipes alemanes que no lo apoyaban. Al parecer, aunque el papa estaba dispuesto a conceder clemencia a Enrique IV, no todos los poderosos príncipes alemanes estaban tan dispuestos a hacerlo. Estos astutos oportunistas creían que una vez hereje, siempre hereje, y prefirieron ignorar la absolución que había otorgado el papa. Enrique IV, despreciado por sus pares, acabaría muriendo en 1106. Fue incapaz de recuperar la posición que una vez ocupó.

Enrique pereció con la mitad de su reino aún levantado en armas contra él, incluido su propio hijo, Enrique V. En última instancia, la apuesta de Enrique V por ponerse del lado del papa y de los rivales de su padre le costó su propio poder durante su reinado. Enrique V tuvo que lidiar con el Concordato de Worms, por el cual tuvo que renunciar a casi todo su control de los influyentes obispados del norte de Italia.

Una parte considerable del poder había pasado del cargo de emperador del Sacro Imperio Romano Germánico al papa y a los príncipes electores alemanes, cuyo prestigio había aumentado. El Sacro Imperio Romano Germánico se había convertido esencialmente en lo que solo puede denominarse una monarquía electoral. Al igual que el presidente de los Estados Unidos es elegido por un colegio electoral repartido por los cincuenta estados, el emperador del Sacro Imperio Romano sería elegido por electores especiales de todo el Sacro Imperio Romano Germánico. Tal comparación es muy general, por supuesto, pero las similitudes proporcionan un ejemplo decente.

Los electores desarrollaron la noción de que el emperador era *primus inter pares*, o «primero entre iguales». En realidad, el emperador del Sacro Imperio Romano Germánico no era mayor que los electores; simplemente era el elegido para estar al mando. Este concepto sería importante, no solo durante la elección de los emperadores, sino también durante su reinado. Los poderosos electores tendrían mucha influencia y a menudo opinarían sobre relevantes asuntos de Estado.

Martín Lutero, por ejemplo, hizo tambalearse a la Iglesia católica con sus llamamientos a la reforma, pero fue un elector quien acabó manteniendo el equilibrio de poder. Aunque tanto el papa como el emperador del Sacro Imperio Romano Germánico en ejercicio querían castigar al monje rebelde, este fue protegido activamente por un poderoso elector alemán. Este elector consiguió frustrar cualquier acción directa que se emprendiera contra Lutero.

No impidió que Lutero fuera condenado y excomulgado. Tampoco impidió que el emperador del Sacro Imperio Romano Germánico declarara a Lutero proscrito y sugiriera básicamente que si cualquier ciudadano del reino fuera capaz de despachar con Lutero, no sería castigado. Sin embargo, sí impidió que la Iglesia católica o el Sacro Imperio Romano Germánico emprendieran cualquier acción oficial directa.

Discutiremos estos sucesos en mayor profundidad en el próximo capítulo, pero por ahora, es importante saber que este debilitamiento del poder ejecutivo ayudó a que cosas como la Reforma de Lutero fueran posibles en primer lugar.

# Capítulo 3: El ascenso de Barbarroja y los caballeros teutónicos

Tras la muerte de Enrique V el 23 de mayo de 1125, le sucedió Lotario III, elegido por un grupo de príncipes electores imperiales. Ya tenía entonces unos cincuenta años, por lo que se aceptaba generalmente que su reinado sería breve. Reinó hasta su muerte en 1137, a la edad de sesenta y dos años. Entrando en el vacío estaba Conrado III. Pero Conrado no fue más que un gobernante interino. Su sobrino, Federico Barbarroja, fue designado su heredero.

Federico era una fuerza a tener en cuenta. Intelectual y guerrero, reinó como rey de los germanos de 1152 a 1155. En el fatídico año de 1155, fue nombrado emperador del Sacro Imperio Romano Germánico.

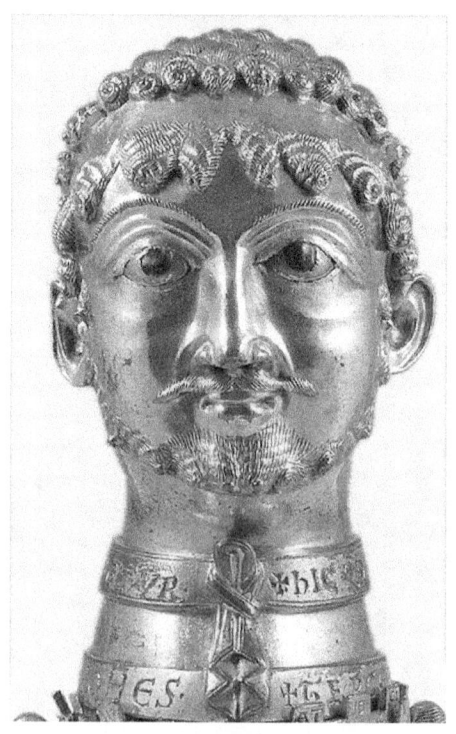

Un busto dorado de Federico Barbarroja[5]

Federico se encontró a menudo en desacuerdo con muchos de los príncipes alemanes, al igual que muchos de sus predecesores. Para contrarrestar estas dificultades, Federico trató de ganarse un mayor apoyo en Italia. Se acercó a los agentes del poder en las poderosas ciudades del norte de Italia. También se convirtió en el favorito del papa Adriano IV al sofocar una insurrección en Roma.

Federico se convertiría en el más conocido por sus esfuerzos cruzados. Aunque los alemanes llegaron tarde a las cruzadas, Federico se convertiría en un entusiasta cruzado durante una fase crucial del conflicto. Durante el reinado de Federico, Jerusalén cayó en manos del caudillo islámico Saladino en 1188.

La primera cruzada, convocada en 1095, había visto la exitosa toma de Jerusalén por las fuerzas cruzadas, y poco menos de un siglo después, el control de los cruzados sobre Jerusalén se les había escapado. El emperador del Sacro Imperio Romano Germánico Federico estaba decidido a liderar la ofensiva para recuperarla. Se alió con el rey francés Felipe Augusto (Felipe II) y con la principal figura de Inglaterra, Ricardo Corazón de León, y emprendió lo que se conocería como la «cruzada de los reyes», que fue, en realidad, la tercera gran cruzada oficial a Oriente Próximo.

Al principio, Barbarroja y sus compatriotas parecían dispuestos a marcar una verdadera diferencia en el conflicto, pero después de que Barbarroja pereciera en un extraño accidente, se desató el infierno. Federico Barbarroja había intentado cruzar un río a caballo, pero había subestimado la fuerza del agua que fluía por él. Las historias difieren, pero la mayoría dice que se ahogó en el agua debido a su pesada armadura.

Para la mayoría estaba claro que se había ahogado, aunque se desarrollaría una leyenda que insistía en que Federico no había muerto, sino que había entrado de algún modo en un estado de animación suspendida. El más popular de estos mitos sugiere que dormitaba bajo el monte Kyffhäuser, en Turingia. Puede parecer un poco inusual, pero tales mitos eran bastante comunes. En este relato se pueden ver incluso ecos de la historia británica del rey Arturo. En ambas leyendas, se sugiere que los monarcas adormecidos simplemente están esperando el día en que sus compatriotas más los necesiten. En cualquier caso, en el momento de escribir estas líneas, nadie ha tenido noticias de Federico ni del rey Arturo.

La muerte de Federico sumió al Sacro Imperio Romano Germánico en el caos. Fue sin duda un periodo caótico, pero ocurrió algo muy notable en la historia alemana. Alrededor de esta época, se estableció una orden de caballeros alemanes.

Anteriormente, los caballeros templarios y los caballeros hospitalarios habían sido los encargados de llevar a cabo hazañas heroicas en Tierra Santa. Alrededor del año 1190, se estableció la orden de cruzados alemanes conocida como los caballeros teutónicos. Los caballeros teutónicos establecieron su base en la ciudad costera de Acre, en el Levante, y participaron en la tercera cruzada, que pretendía recuperar Jerusalén.

Los caballeros teutónicos comenzaron de forma similar a los hospitalarios. Estos últimos eran conocidos por establecer hospitales especiales para atender a los heridos. Los caballeros teutónicos comenzaron estableciendo la Orden del Hospital de Santa María. Tras la caída de Jerusalén, que vio cómo los refugiados inundaban Acre, estos hospitales de campaña fueron cruciales.

Una vez que la Orden del Hospital de Santa María empezó a ir más allá de atender a los heridos para participar en operaciones militares, pasaron de ser simples cuidadores a ser una rama de guerreros por derecho propio. También encontraron una lucrativa actividad secundaria al vigilar la ciudad portuaria de Acre, recaudando peajes de los que pasaban por allí.

La situación en Acre pronto se haría insostenible. A medida que los ejércitos islámicos empezaban a expulsar a los cruzados cristianos hacia el mar, los caballeros teutónicos tendrían que trasladar finalmente su base de operaciones fuera del Levante. En 1210, bajo el liderazgo del gran maestre teutón Hermann von Salza, los caballeros se trasladaron a Transilvania. Esto se hizo a petición del rey de Hungría. En aquella época, Transilvania se encontraba en los márgenes de la Europa cristiana, con varias facciones en guerra entre sí. También estaba en primera línea de la lucha en curso entre las fuerzas del islam y el cristianismo, ya que Transilvania se encontraba en el camino de la creciente potencia musulmana, los turcos otomanos, que estaban saliendo de Asia Menor (la actual Turquía) hacia los Balcanes del sureste de Europa.

A cambio de sus esfuerzos en esta peligrosa región, el rey de Hungría se comprometió a conceder a los caballeros teutónicos prebendas y privilegios especiales, como tierras exentas de impuestos. Esto permitió a los caballeros teutónicos hacerse con grandes extensiones de tierra en las salvajes regiones fronterizas de Hungría y Transilvania. Llevaron consigo colonos alemanes que no tendrían que molestarse en entregar dinero al rey.

Al principio la situación funcionó bastante bien, pero hacia 1225, los húngaros empezaron a recelar de este creciente enclave alemán y obligaron a los caballeros teutónicos y a sus seguidores a trasladarse de nuevo. Este cambio de planes, facilitado por las órdenes oficiales papales de marcha, llevó a los caballeros a participar en la cruzada prusiana. La región conocida como Prusia ya no existe, pero durante la época de los caballeros teutónicos era una vasta franja de tierra relativamente indómita a lo largo de las costas bálticas del noreste de Europa.

Con el respaldo del papa y del duque polaco Conrado I de Mazovia, los caballeros teutónicos lanzaron su propia guerra santa personal contra los residentes paganos de la región. Los caballeros teutónicos tendrían un gran éxito al convertir por la fuerza a los lugareños y arrebatarles tierras.

Parece que el establecimiento de castillos permanentes por parte de los caballeros teutónicos quebró la espalda de los prusianos. Antes de esto, tanto los nobles polacos como los alemanes lanzaban ataques contra los prusianos paganos. La guerra solía ser eficaz al principio, pero tras hacer retroceder inicialmente a los prusianos, estos se reagrupaban y arrollaban a los intrusos polacos y alemanes. Solo una vez que se establecieron formidables fuertes a lo largo del río Vístula, los caballeros teutónicos pudieron resistir con eficacia.

Sus fortalezas eran formidables y los caballeros eran muy hábiles defendiéndolas, incluso de una multitud de prusianos. El río Vístula proporcionaba una fuente obvia de fácil transporte, ya que las vías fluviales como estas eran básicamente las superautopistas del mundo medieval.

Esta iniciativa estratégica acabó por hacer mella en el blindaje prusiano, y los caballeros teutónicos y los alemanes que se asentaron alrededor de sus fortalezas seguirían expandiendo su alcance en las fronteras prusianas.

Mientras tanto, el Sacro Imperio Romano Germánico había ganado un nuevo y dinámico gobernante en la persona de Federico II. Federico reinó desde 1225 hasta su muerte en 1250. Dejó una huella perdurable no solo en su reino, sino también en toda la historia del mundo. Federico II gobernó mediante una combinación de poderío marcial, diplomacia y sobornos descarados. Los sobornos fueron necesarios sobre todo para contener a los príncipes alemanes rebeldes en su propio patio trasero, mientras que el poderío marcial y un sorprendente grado de diplomacia fueron utilizados durante sus esfuerzos durante las cruzadas.

Emperador del Sacro Imperio Romano Germánico Federico II [6]

Federico II negoció célebremente un acuerdo con las potencias musulmanas de Oriente Próximo para permitir que los cristianos tuvieran temporalmente el control de Jerusalén, siempre que se llegara a una especie de acuerdo de reparto con los lugareños. Este nivel de cooperación diplomática era relativamente inaudito en la época, y el acuerdo, tan único como era, fue generalmente despreciado tanto por los musulmanes como por los cristianos locales.

Federico II era conocido como un hombre de Estado culto y hábil. Aun así, los conflictos en Italia, donde Federico pretendía ejercer su autoridad, lo llevarían a enfrentarse con el papa. Debido a estas dificultades, Federico II fue excomulgado en más de una ocasión.

A pesar del éxito de los caballeros teutónicos y de las impresionantes hazañas diplomáticas de Federico II, tras la desaparición de este en 1250, el Sacro Imperio Romano Germánico había perdido un peso considerable en la escena internacional. El siglo siguiente vería cómo el poder y el prestigio del Sacro Imperio Romano Germánico seguían menguando hasta constituir poco más que una confederación muy laxa de oligarcas bajo las órdenes de un testaferro muy débil.

Como ya se ha señalado, Federico II había sido excomulgado en múltiples ocasiones, lo que había permitido a un conglomerado de príncipes alemanes díscolos reinar sobre sus propias regiones autónomas. El Sacro Imperio Romano Germánico se había debilitado y fracturado, y las otras grandes potencias de Europa se contentaban con mantenerlo así. Era mucho mejor para ellos tener un Sacro Imperio Romano Germánico débil y dividido que tener una nación poderosa a sus puertas.

Sin embargo, sus acciones proporcionaron involuntariamente el caldo de cultivo perfecto para la Reforma. Debido a las regiones descentralizadas y autónomas del reino alemán, a Martín Lutero se le permitió despotricar contra el papa y encontrar refugio entre los príncipes electores alemanes que estaban dispuestos a cobijarlo.

# Capítulo 4: La Reforma y Martín Lutero

*«Esperaba que el papa me protegiera, pues había fortificado tanto mis tesis con pruebas de la Biblia y decretos papales, que estaba seguro de que condenaría a Tetzel y me bendeciría a mí. Pero cuando esperaba una bendición de Roma, llegaron en su lugar truenos y relámpagos, y fui tratado como la oveja que había echado pestes del agua del lobo. Tetzel salió impune, y yo debo someterme a ser devorado».*

—Martín Lutero[i].

Puede decirse que en la época del siglo XIV, el Sacro Imperio Romano Germánico, así como el mundo, estaban experimentando bastantes cambios. En lo que respecta al Sacro Imperio Romano Germánico, en 1356 se produjo un acontecimiento importante. Un decreto imperial llamado la Bula de Oro fue emitido por el emperador del Sacro Imperio Romano Germánico, Carlos IV. Según este decreto, la sucesión al trono sería supervisada por siete príncipes electores. Estos siete importantes príncipes electores de la confederación alemana ejercerían el poder en lo referente a quién sería elegido como próximo emperador del Sacro Imperio Romano Germánico. Este decreto permanecería en vigor sin grandes cambios hasta la guerra de los Treinta Años en 1648.

---

[i] McGiffert, Cushman *Martin Luther: The Man and His Work*. 1911. Pág. 101.

En medio de todo esto, ocurrió otro acontecimiento: la Reforma de la Iglesia católica. Para entonces, el Sacro Imperio Romano Germánico se había convertido en un grupo altamente descentralizado de ciudades, regiones y príncipes. A diferencia de la rígida conformidad mantenida en gran parte del resto de Europa, las diferencias de opinión estaban permitidas. Sin embargo, en las circunstancias adecuadas, podían florecer fácilmente.

Hoy podemos admirar un individualismo tan rudo, pero en el pasado, este estado de cosas se comparaba a menudo con la anarquía. En 1495, el emperador del Sacro Imperio Romano Germánico Maximiliano I se inspiró para establecer la llamada «Paz Eterna». Este decreto se hizo en un procedimiento oficial del órgano deliberante del Sacro Imperio Romano Germánico, conocido como la Dieta de Worms. La Dieta de Worms era básicamente un concilio que tenía lugar en la ciudad del mismo nombre. Este concilio no buscaba exactamente la unificación, sino que se centraba en el compromiso y la cooperación entre las diferentes facciones del reino que tan a menudo estaban enfrentadas entre sí.

Fue un acto casi desesperado por parte de Maximiliano. Quería poner algo de orden en un reino que se escapaba del control del emperador. Se lograron algunos cambios importantes en la estructura civil, como la creación de un tribunal imperial donde se pudieran ventilar las quejas. Esto fue sin duda una mejora del sistema *ad hoc* de crimen, castigo y deliberación que existía anteriormente. Durante un breve periodo, el decreto pareció prometer cierto sentido de unidad en el reino.

Sin embargo, Maximiliano perecería en 1519, y apenas había cumplido esta tarea. De hecho, el reino estaba más agitado que nunca, ya que los electores del Sacro Imperio Romano Germánico debatían enérgicamente a quién elegirían para el cargo de emperador del Sacro Imperio Romano Germánico. Los electores se decantaron finalmente por el nieto de Maximiliano, Carlos V. Sin embargo, lo hicieron con una serie de estipulaciones.

A cambio del apoyo de los electores, estos hicieron que Carlos aceptara no utilizar ninguno de los recursos del imperio con fines dinásticos. También tuvo que comprometerse a no traer tropas extranjeras a suelo alemán. Quizá lo más importante en relación con la Reforma que se avecinaba fue el hecho de que Carlos también se comprometió a no embarcarse en ningún asunto relevante de la política imperial sin antes consultar con los consejos alemanes apropiados, también conocidos como dietas.

Este acuerdo haría que Martín Lutero, tachado de hereje por la Iglesia católica, compareciera ante la Dieta o Concilio de Worms para defender su causa. Si Carlos no hubiera llegado a tales acuerdos y no dependiera tanto del apoyo de los siete electores, Martín Lutero podría haber sido simplemente arrastrado a Roma y arrojado entre rejas.

Antes de adelantarnos demasiado, hagamos primero un resumen básico de cómo surgió la propia Reforma. La Reforma comenzó la tarde del 31 de octubre de 1517. Ese día, un monje alemán poco conocido llamado Martín Lutero publicó una serie de quejas, críticas y cavilaciones filosóficas a las puertas de la iglesia de Wittenberg. Esta serie de notas fijadas a las puertas de la iglesia se conocería como las *Noventa y cinco tesis*.

Contrariamente a lo que pueda pensar, Lutero no eligió el 31 de octubre porque fuera Halloween. En realidad, eligió el 31 de octubre porque era el día anterior al Día de Todos los Santos, que tiene lugar el 1 de noviembre. Sabía que las celebraciones comenzarían el Día de Todos los Santos y que una gran cantidad de personas entrarían y saldrían por las puertas de la iglesia. Lutero quería que sus tesis fueran lo primero que viera esa gente. Y definitivamente las vieron.

Era extremadamente raro que alguien criticara la doctrina de la Iglesia, por lo que los argumentos clavados en las puertas de Wittenberg fueron una sorpresa. Las ideas de Lutero desencadenaron un diálogo que se extendió como la pólvora.

Tenía muchas críticas contra la Iglesia, pero estaba en total desacuerdo con que el papa y sus subordinados recaudaran indulgencias. Estas eran ofrendas de dinero al clero con la promesa expresa de que este rezaría por los difuntos para disminuir su tiempo en el purgatorio.

Se puede entrar en un largo debate sobre la existencia del purgatorio como tal. Muchos protestantes acabaron por dejar de creer en él por completo. Si hablara con cristianos no católicos hoy en día, podrían opinar que la Iglesia católica se lo inventó todo. Sin embargo, este no es el caso.

El purgatorio (se crea o no en él) era una creencia derivada de las escrituras. La noción del purgatorio procede de una interpretación muy específica de las escrituras y no es más «inventada» que la creencia en el rapto. Ahora bien, uno puede estar en desacuerdo con la interpretación de las escrituras, pero la idea del purgatorio no es algo que algún sacerdote católico se inventara arbitrariamente.

La noción de que se podía pedir limosna por los muertos y rezar para salvar su alma se validó también a través de las escrituras. Los católicos señalan un versículo del Libro de los Macabeos. El Libro de los Macabeos es considerado hoy por la mayoría de las iglesias protestantes como parte de los apócrifos (una colección de libros bíblicos que se considera que no forman parte del canon de las escrituras), pero sigue siendo importante tanto para el cristianismo como para el judaísmo. El Libro de los Macabeos contiene la historia de Janucá.

Macabeos fue escrito durante una época turbulenta de la historia judía en la que potencias exteriores intentaban dominar la tierra. Después de que los soldados que luchaban en una de estas muchas luchas perecieran, se convocaban oraciones por los difuntos. Judas Macabeo tomaba limosnas para los muertos y, suponiendo que sus almas estaban atrapadas en un estado intermedio (como el purgatorio), rezaba por su liberación.

Como se nos dice en 2 Macabeos 42-45:

> «El valiente Judas recomendó entonces a todos que se conservaran limpios de pecado, ya que habían visto con sus propios ojos lo sucedido a aquellos que habían caído a causa de su pecado. Después recogió unas dos mil monedas de plata y las envió a Jerusalén, para que se ofreciera un sacrificio por el pecado. Hizo una acción noble y justa, con miras a la resurrección. Si él no hubiera creído en la resurrección de los soldados muertos, hubiera sido innecesario e inútil orar por ellos. Pero, como tenía en cuenta que a los que morían piadosamente los aguardaba una gran recompensa, su intención era santa y piadosa. Por esto hizo ofrecer ese sacrificio por los muertos, para que Dios les perdonara su pecado»[i].

Por supuesto, se podría argumentar que se trata de una pobre interpretación de las escrituras. Es razonable. Martin también se atrevió a desafiarla. Incluso criticó la autoridad del propio papa.

---

[i] *La Nueva Biblia Inglesa con Apócrifos.* 1970.

Los católicos creen que el papa ha sido imbuido de poder desde lo alto debido a las palabras de Cristo a Pedro, a quien los católicos consideran el primer papa. Jesús le dijo a Pedro (cuyo nombre significa en realidad roca) que él era la roca sobre la que edificaría la Iglesia y que las puertas del infierno no prevalecerían contra ella.

Jesús le dijo además a Pedro que le iba a dar las llaves del reino. A Pedro le dijo que todo lo que atara en la Tierra quedaría atado en el cielo y que todo lo que desatara en la Tierra quedaría desatado en el cielo. Pedro llegó a establecer la primera iglesia en Roma antes de ser ejecutado por los romanos adeptos al paganismo. Por eso se lo consideró el primer papa.

Se creía que todos los papas posteriores habían heredado las llaves del reino de Pedro y estaban imbuidos del mismo poder de atar y desatar. Por esta razón, un papa y sus subordinados creían que podían afirmar que tenían el poder de atar (mediante la excomunión) o desatar (mediante la disminución del tiempo de permanencia en el purgatorio).

La reacción básica contra Martín Lutero por parte de la Iglesia católica fue: «¿Quién demonios es este tipo?», y «¿Quién se cree que es para cuestionar la interpretación ya establecida de las escrituras?». Los clérigos eruditos de la iglesia simplemente no podían creer que alguien como Lutero pensara que sabía más que miles de años de teólogos católicos y que se atreviera a difundir su interpretación de la Biblia.

Aún más importante, los funcionarios de la Iglesia católica querían detener a Lutero antes de que sus nuevas ideas infectaran a las masas. En 1520, se emitió una bula papal que declaraba que las opiniones de Lutero eran semejantes al veneno. La Iglesia realmente no quería que las opiniones de Lutero se extendieran demasiado. Contener los pensamientos de Lutero se consideró aún más imperativo a la luz de la invención de la imprenta.

La imprenta ya existía antes de 1440 fuera de Europa, pero fue ampliamente mejorada por un inventor alemán llamado Johannes Gutenberg. La imprenta utilizaba ya un tipo móvil de metal en lugar de bloques de madera. La imprenta de Gutenberg permitió que la información se difundiera mucho más rápido de lo que jamás podrían hacerlo las anticuadas cartas escritas a mano.

Sin embargo, el papa y el emperador del Sacro Imperio Romano Germánico tenían un problema. Wittenberg era la capital del Electorado de Sajonia. El Electorado de Sajonia era crucial para el éxito ininterrumpido del emperador del Sacro Imperio Romano Germánico Carlos V.

El elector de Sajonia, Federico el Sabio, acabó echando su suerte con Martín Lutero. Gracias al apoyo de Federico el Sabio, Lutero pudo continuar su revuelta contra la Iglesia sin ser quemado en la hoguera por herejía.

Federico no suscribía totalmente las opiniones de Lutero. Su principal motivación era evitar la intervención exterior contra un erudito local notable, conocido y cada vez más popular. Federico era también un gran benefactor de la Universidad de Wittenberg, donde enseñaba Martín Lutero. De hecho, Federico la había fundado, y no iba a permitir que uno de sus eruditos fuera zarandeado. Como Lutero contaba con la protección del elector de Sajonia, pudo enviar sus palabras a la imprenta, lo que permitió una mayor difusión de sus ideas por todo el reino.

Las cosas llegaron a un punto crítico cuando Lutero fue excomulgado el 3 de enero de 1521. A pesar de este golpe, la Iglesia católica quiso dar a Lutero la oportunidad de retractarse de sus creencias. Fue citado para exponer sus ideas y rendir cuentas ante la Dieta de Worms en 1521. Sin embargo, Lutero no logró convencer a sus detractores, y la etiqueta de hereje permanecería firmemente en su lugar.

Martín Lutero exponiendo sus argumentos ante la Dieta de Worms[7]

El emperador del Sacro Imperio Romano Germánico, que estaba presente, aunque no tomó medidas directas, declaró que Lutero era un proscrito. Esta declaración básicamente anulaba todos los derechos de Lutero como ciudadano y permitía (prácticamente incluso animaba) a cualquiera que se sintiera obligado a apresarlo. Esto significaba que cualquier ciudadano podía matar a Lutero y no tendría que rendir cuentas por sus actos.

Así que, aunque Lutero no fuera arrastrado entre cadenas por el séquito del emperador del Sacro Imperio Romano Germánico, el mundo se había vuelto muy peligroso para este reformador protestante. Y tan peligroso como era para Lutero, también lo era para otros. Pronto, muchas partes de Alemania se verían envueltas en una guerra abierta entre las facciones que apoyaban a Lutero y las que no. Lutero finalmente logró regresar a Wittenberg en 1522 e intentó de alguna manera ponerse al frente de los acontecimientos que se estaban saliendo de control. Descubrió que algunos de sus anteriores partidarios estaban empeorando las cosas para él, avivando fuegos de revuelta e incluso difundiendo opiniones que no eran las suyas. Por ejemplo, Andreas Karlstadt empezó a declarar que el bautismo infantil era una creencia falsa.

Hay muchos cristianos en la actualidad que hablan de la necesidad de llegar a la edad de rendir cuentas para ser considerado siquiera un pecador. Esta es la noción según la cual uno puede ser demasiado inocente para saber siquiera lo que es el pecado. Sin embargo, san Agustín, que vivió entre los años 354 y 430 de nuestra era, echó por tierra este concepto hace mucho tiempo. Sostenía que los bebés nacían pecadores.

Suena casi ridículo, pero en realidad Agustín tenía razón. Argumentó que, puesto que un bebé nace llorando, es una clara indicación de su naturaleza egocéntrica y pecadora en acción. Los bebés no lloran para ayudar a los demás o ser útiles; lloran porque quieren algo. Quieren comida, agua, calor o atención. Según Agustín, esto es claramente la naturaleza egoísta y pecadora de la humanidad en acción. Martín Lutero estaba de acuerdo con la opinión de Agustín y consideraba que el bautismo infantil era bastante necesario.

Sin embargo, Martín Lutero había abierto la caja de Pandora protestante, y reformadores celosos como Karlstadt estaban llevando las cosas mucho más lejos de lo que Lutero había pretendido llevarlas. En un momento dado, Karlstadt llegó a declarar que Martín Lutero era un obstáculo mayor para la reforma que el papa. Esta era una conclusión decididamente extraña a la que llegar, teniendo en cuenta que Martín Lutero fue quien había dado el pistoletazo de salida a la Reforma en primer lugar.

Los sentimientos de desencanto con Lutero entre los protestantes fueron secundados por otro de los primeros líderes de la Reforma, Thomas Müntzer. Para Thomas Müntzer, Lutero no había ido lo suficientemente lejos y le llamó la atención por su relación relativamente acogedora con la nobleza alemana.

De hecho, Martín Lutero era muy amigo de los miembros de la élite, muy especialmente del elector de Sajonia, ya que su protección era vital para su propia existencia. Reformadores como Müntzer sacaron a relucir este hecho para ridiculizar a Lutero por ser demasiado blando. Müntzer incluso despotricó contra Lutero comparándolo con un «cerdo cebado».

Lutero estaba igual de desencantado con las facciones protestantes. Fustigó a los reformadores demasiado celosos como Karlstadt y Müntzer como «espíritus asesinos alborotadores».

El temor de Lutero a las revueltas estalló en serio en 1525, cuando los reformadores radicales iniciaron lo que se conoció como la guerra de los campesinos alemanes. Este levantamiento estaba compuesto en gran parte por las clases más pobres de la sociedad alemana, que habían sido incitadas y convencidas por radicales religiosos como Müntzer a tomar las armas contra la clase alta en un intento de cambiar el *statu quo* — religioso, social y de otras índoles.

Martín Lutero se pronunció enérgicamente contra estos disturbios. De hecho, Lutero escribió un ardiente tratado titulado *Contra las hordas asesinas y ladronas de campesinos*. El título debería dejar bastante claro de qué se habla en esta obra.

Lutero afirmó que los campesinos que mataban y robaban a los ricos y terratenientes mientras afirmaban hacerlo en nombre de Dios eran la peor clase de blasfemos. Insistió además en que los nobles ricos tenían todo el derecho a aplastar la revuelta, puesto que eran los verdaderos detentadores de la autoridad. Se limitaban a sofocar una insurrección grosera y pecaminosa de la clase más fea.

Lutero llegó a afirmar: «Nuestros campesinos, sin embargo, quieren hacer comunes los bienes de otros hombres y quedarse con los suyos. ¡Qué buenos cristianos son! Creo que no queda ni un diablo en el infierno; todos se han metido entre los campesinos»[i].

Las autoridades alemanas finalmente aplastaron la revuelta, y Thomas Müntzer fue acorralado y asesinado. Los protestantes estaban

---

[i] McGiffert, Cushman *Martin Luther: The Man and His Work*. 1911. Pág. 256.

ciertamente desorganizados en ese momento, y fue por esta razón que el monje que lo empezó todo —Martín Lutero— se sintió obligado a aportar algún tipo de claridad a la locura. En 1530 intentó por todos los medios restablecer de nuevo cierta estabilidad, consolidando los puntos de vista de su doctrina teológica con su Confesión de Augsburgo.

Esta confesión de fe expresaba la creencia de Martín en la naturaleza de Dios, la naturaleza del pecado original y, lo más importante, su noción de la justificación por la fe. Lutero utilizó referencias bíblicas para apoyar sus puntos de vista, especialmente la justificación por la fe, ya que no deseaba seguir los edictos del papa que exigían obras penitenciales.

Aunque apoyado en cierto sentido por los escritos del apóstol Pablo, Lutero tropieza con una aparente contradicción, puesto que Santiago, en el Libro de Santiago, afirma claramente: «La fe sin obras está muerta». Martín Lutero estaba firmemente en desacuerdo, hasta el punto de que llegó a sugerir que se sacara el Libro de Santiago de la Biblia e insistió en que era la fe y no las obras lo que justificaba al creyente.

Martín Lutero murió en 1546. La agitación de la Reforma protestante seguía afectando mucho a Europa Central. El mismo año de la muerte de Lutero, el emperador del Sacro Imperio Romano Germánico Carlos V, con renovada determinación de acabar con los protestantes de una vez por todas, envió tropas para tomar el bastión protestante de Sajonia.

Como ya no temía perder al elector de Sajonia, Carlos capturó y encarceló al elector del reino, Juan Federico I. A continuación instaló a su propio elector elegido a dedo, Mauricio von Wettin.

Sin embargo, si Carlos V pensó que podía manipular el «colegio electoral» del Sacro Imperio Romano Germánico e inclinar la partida a su favor insertando a su propio elector, se equivocó. Nada más ser nombrado elector de Sajonia, Mauricio se volvió contra el emperador del Sacro Imperio Romano Germánico. Se alió con los demás príncipes protestantes, así como con Francia, lo que condujo al estallido de lo que se conoció como la «revuelta de los príncipes» en el año 1552.

El estallido de la revuelta de los príncipes demostró que la fuerza no resolvería los problemas de su reino. Al darse cuenta de ello, unos años más tarde, en 1555, convocó a la nobleza en la Dieta de Augsburgo y promulgó la Paz de Augsburgo, que estipulaba que los príncipes de las distintas ciudades del reino alemán podían básicamente elegir por sí mismos si deseaban seguir siendo católicos o protestantes.

Cansado y derrotado, Carlos V murió poco después. La Paz de Augsburgo, con sus grandes concesiones que permitían un mayor libre albedrío entre los príncipes, fue como mucho una venda. Aun así, permanecería en vigor durante unos sesenta años antes de que esta herida se desgarrara de nuevo en lo que se conocería como la guerra de los Treinta Años.

# Capítulo 5: La guerra de los Treinta Años y la Paz de Westfalia

En 1618 estalló un violento conflicto. Esto marcaría el inicio de la guerra de los Treinta Años. El origen de este conflicto radicaba en el deseo del Sacro Imperio Romano Germánico de mantener el control sobre el estado electoral de Bohemia, que estaba bajo la influencia de la dinastía de los Habsburgo. Los Habsburgo, que gobernaron Austria desde 1282 hasta 1918, saltaron a la fama por primera vez en el año 1273. Durante ese fatídico año, los príncipes electores alemanes eligieron a Rodolfo de Habsburgo como rey de los romanos (a veces también llamado indistintamente rey de los alemanes). Ser designado rey de los romanos colocó a Rodolfo a un paso de ser aclamado como el próximo emperador del Sacro Imperio Romano Germánico[i].

---

[i] Murray, V. *The Crusades: An Encyclopedia.* 2006. Pág. 1063.

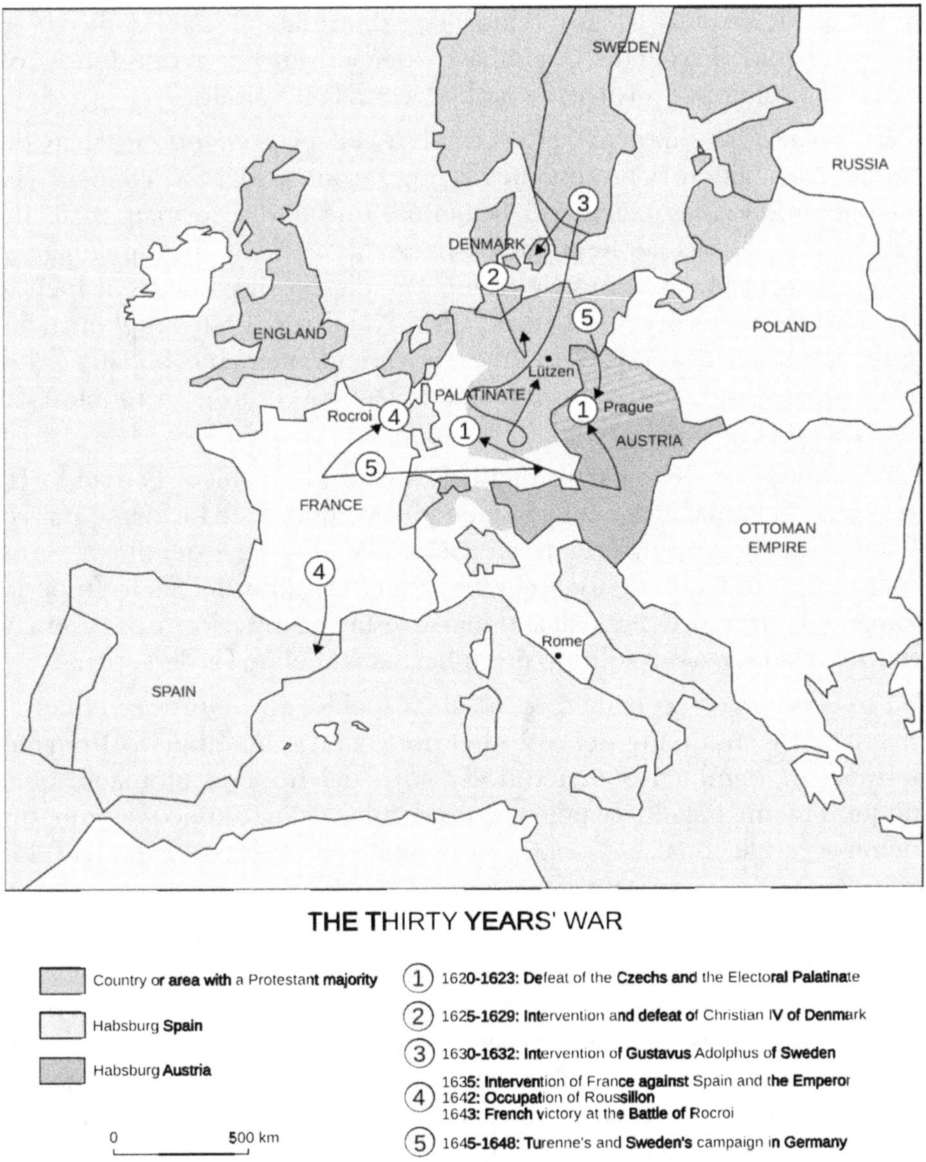

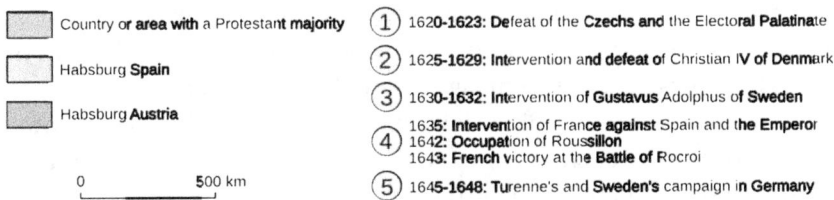

SWEDEN
RUSSIA
DENMARK
ENGLAND
POLAND
Lützen
PALATINATE
Prague
Rocroi
AUSTRIA
FRANCE
OTTOMAN EMPIRE
Rome
SPAIN
THE THIRTY YEARS' WAR
Country or area with a Protestant majority
Habsburg Spain
Habsburg Austria
0 500 km
1 1620-1623: Defeat of the Czechs and the Electoral Palatinate
2 1625-1629: Intervention and defeat of Christian IV of Denmark
3 1630-1632: Intervention of Gustavus Adolphus of Sweden
4 1635: Intervention of France against Spain and the Emperor
1642: Occupation of Roussillon
1643: French victory at the Battle of Rocroi
5 1645-1648: Turenne's and Sweden's campaign in Germany

**Mapa de la guerra de los Treinta Años** [8]

Los problemas comenzaron con el ascenso de Fernando II, que reinó de 1619 a 1637, al trono del Sacro Imperio Romano Germánico. Fernando II no estaba satisfecho con los resultados de la Paz de Augsburgo de 1555. Al ascender al trono, trató de hacer retroceder el reloj, eliminar las libertades religiosas anteriores e imponer la doctrina católica. A pesar de que la Paz de Augsburgo permitía a los príncipes alemanes determinar si sus reinos se adherirían al catolicismo o al protestantismo, Fernando II estaba empeñado en hacer que todos los habitantes del imperio volvieran a obedecer a la fe católica.

En cuanto se supo que estos cambios en el *statu quo* estaban en marcha, los líderes protestantes empezaron a dar a conocer su descontento. En las tierras de Bohemia, que ahora forman parte de Austria y de la actual República Checa, la reacción fue inmediata y mortal. Los nobles señores del reino decidieron disparar (o al menos arrojar) a los mensajeros del emperador. Arrojaron a estos diplomáticos desde la ventana del castillo de Praga. Sorprendentemente, al parecer los dignatarios sobrevivieron, ya que aterrizaron sobre un gran montón de estiércol en el foso del castillo.

Al emperador del Sacro Imperio Romano Germánico, Fernando II, no le hizo ninguna gracia enterarse de lo sucedido. Este incidente marcó el inicio de una insurrección en Bohemia, que se extendió a otros bastiones protestantes de todo el reino. El emperador del Sacro Imperio Romano Germánico no iba a tomarse esta insurrección a la ligera y recurrió a la fuerza del sobrino de su hermana, Felipe IV de España.

Los bohemios contaban con el respaldo de Noruega, Suecia, Dinamarca y gran parte del resto del norte del Sacro Imperio Romano Germánico. También obtuvieron el apoyo del Imperio otomano, que, aunque era un Estado islámico, consideraba a los católicos como sus enemigos tradicionales y optó por unir sus fuerzas a las de los protestantes.

Al principio el conflicto fue muy malo para los protestantes. La primera gran batalla de la guerra tuvo lugar en la Montaña Blanca, a las afueras de Praga, en 1620. Las fuerzas imperiales arrollaron fácilmente a las fuerzas protestantes y consiguieron hacerse con el control de Bohemia. Esto supuso un golpe devastador para los príncipes alemanes, que lucharon por presentar una coalición lo suficientemente estable como para rechazar a las tropas imperiales.

Un acontecimiento importante se produjo en 1630, cuando los protestantes suecos de confesión luterana aceptaron la invitación de los protestantes asediados. No lo hacían tanto por su propia buena voluntad de ayudar a los protestantes como para crear una zona de seguridad fiable entre ellos y el poder imperial.

Los suecos deseaban hacer del norte de Alemania una parada amistosa y apoderarse justo al sur de Suecia y del resto de Escandinavia.

Los suecos hicieron una alianza directa con la Sajonia luterana y el Brandeburgo calvinista. Se trataba de una alianza tenue, ya que los sajones y el pueblo de Brandeburgo no querían que el rey sueco, Gustavo Adolfo, se hiciera demasiado poderoso. Querían la ayuda de los suecos para expulsar a las tropas imperiales, pero no querían que, como resultado, los suecos se convirtieran en la potencia indiscutible. En otras palabras, no querían cambiar un matón por otro.

El emperador del Sacro Imperio Romano Germánico, Fernando II, pareció darse cuenta de lo desesperados que estaban los protestantes alemanes y decidió intentar una negociación a última hora con ellos. Se hizo saber a los electores que el Edicto de Restitución podría ser enmendado si todas las partes lograban de algún modo sentarse a la mesa. Los protestantes, tan desesperados como estaban, se mostraron recelosos de negociar con el emperador en este punto. En abril de 1631, tras reunirse en una asamblea protestante en Leipzig, emitieron el Manifiesto de Leipzig, que declaraba su deseo de defender sus libertades protestantes alemanas frente a la agresión.

Al mes siguiente, las fuerzas del Sacro Imperio Romano Germánico quemaron hasta los cimientos la ciudad sajona de Magdeburgo. Se dice que unos veinte mil protestantes fueron asesinados. Esto solo hizo que protestantes y suecos se unieran más y, en septiembre de 1631, obtuvieron una importante victoria en la batalla de Breitenfeld. En este intercambio, el ejército del Sacro Imperio Romano Germánico sufrió dos muertes por cada tres soldados que había en el campo de batalla. Fue un golpe devastador para el Sacro Imperio Romano Germánico, que ya tenía bastantes dificultades para reunir a sus propias tropas.

Para entonces, los suecos se habían abierto camino en Pomerania y Prusia. Aunque supuestamente luchaban por los protestantes alemanes, esos mismos protestantes empezaron a resentirse cada vez más de la presencia sueca en su suelo. Los suecos serían finalmente expulsados. En septiembre de 1634, los suecos y sus aliados protestantes fueron diezmados por las tropas imperiales. Se cree que unos doce mil protestantes murieron en este intercambio. Esto fue suficiente para hacer huir a los suecos y, en noviembre, abandonaban el norte de Alemania.

Una vez que los suecos se habían ido, los príncipes del norte de Alemania tuvieron que encontrar un nuevo aliado. Ese nuevo aliado se presentó inesperadamente bajo la forma de la Francia católica. Esto nos conduce a uno de los momentos más cruciales de esta complicada y confusa debacle que duró décadas.

En 1635, Francia se unió al conflicto. Esto se hizo bajo la mano del infame cardenal francés Richelieu. El verdadero gobernante de Francia en ese momento era Luis XIII, de nueve años. Un niño de nueve años, por supuesto, no tiene edad suficiente para mandar por sí solo, así que Francia fue gobernada por un núcleo de consejeros reales hasta que Luis XIII alcanzó la mayoría de edad.

El cardenal Richelieu ocupaba el cargo de primer ministro de Francia cuando se tomó la decisión de que las fuerzas francesas se involucraran en el conflicto que se estaba gestando en Europa Central. La mayoría habría supuesto que los franceses, predominantemente católicos, se habrían puesto del lado de las fuerzas católicas del Sacro Imperio Romano Germánico, ¡pero los franceses se pusieron del lado de los protestantes! Se trataba de pura y simple estrategia maquiavélica por parte de Richelieu, quien, a pesar de ser un sacerdote católico, no pudo resistirse a la oportunidad de infligir un grave daño a uno de los principales rivales geopolíticos de Francia.

La mera idea de que Francia interviniera de este modo fue suficiente para que ambas partes se plantearan posibles negociaciones. Poco después de este acontecimiento, en mayo de 1635, los electores de Sajonia y Brandeburgo firmaron la Paz de Praga con el emperador del Sacro Imperio Romano Germánico. Conocida como una victoria del pragmatismo sobre la religión, la Paz de Praga estipulaba que la corona y los electores trabajarían juntos para mantener a las potencias extranjeras, como Francia, fuera del conflicto.

Mientras aún se estaban redactando los términos de esta paz, el emperador del Sacro Imperio Romano Germánico, Fernando II, pereció en 1637. Lo interesante es que, aunque se estaba haciendo la paz dentro del Sacro Imperio Romano Germánico, el antiguo aliado del norte de Alemania, Suecia, empezaba a preocuparse. A Suecia le convenía mantener a las fuerzas imperiales fuera del norte de Alemania para crear una zona de amortiguación. Suecia tenía que meter las narices en estos asuntos y provocar suficientes problemas como para hacer descarrilar el proceso de paz que se había iniciado. Francia tenía preocupaciones similares y pronto exigió el cumplimiento de ciertas estipulaciones.

Esto condujo a extensas conversaciones en 1641 en Münster y Osnabrück entre los representantes imperiales (que representaban a los protestantes alemanes) con Suecia y Francia. Estos términos se discutirían durante los años siguientes, y siguieron estallando luchas intermitentes.

Desde nuestro punto de vista moderno, puede resultar difícil comprender por qué se tardó tanto en poner fin por completo a los combates. Todos los bandos querían detener la guerra en ese momento. Sin embargo, les resultó sumamente difícil hacerlo. Quizá el mejor ejemplo de una situación así en tiempos más modernos sea la guerra de Vietnam. La guerra comenzó entre los franceses y los vietnamitas del norte, inmediatamente después de la Segunda Guerra Mundial.

Los franceses lucharon desesperadamente contra la insurgencia norvietnamita hasta que EE. UU. asumió el apoyo a Vietnam del Sur a finales de la década de 1950. Entonces, EE. UU. empezó a desplegar tropas sobre el terreno en la década de 1960. La guerra se convirtió rápidamente en un atolladero imposible de ganar, pero en lugar de desescalar el conflicto, EE. UU. envió más y más tropas. En la década de 1970, estaba claro para casi todo el mundo que EE. UU. tenía que poner fin a la guerra y salir de Vietnam.

Aun así, Estados Unidos no podía retirarse de la noche a la mañana. En cambio, lo que siguió fue una serie de negociaciones muy complicadas sobre cómo saldría Estados Unidos de Vietnam. Estas conversaciones se prolongaron hasta que Estados Unidos se marchó definitivamente en 1975. La fase final de la guerra de los Treinta Años produjo una situación similar.

Al igual que en Vietnam, había intereses creados en juego. Muchos bandos habían luchado y sufrido durante varios años, y estaban tan atrincherados que nadie sabía cómo sacar a sus tropas fácilmente. También había que tener en cuenta el estado de posguerra de Europa Central. Todos estos puntos tuvieron que ser negociados en lo que se convertiría en la Paz de Westfalia de 1648.

Este tratado tenía que satisfacer a todos los que se habían implicado. Y en su mayor parte, lo hizo. Dio a los suecos algunos trozos de Pomerania, incluyendo importantes puertos en el Báltico. Esto parecía satisfacer la demanda sueca de una zona de amortiguación entre ella y el Sacro Imperio Romano Germánico. A los franceses, por su parte, se les compró dándoles algunos puntos de apoyo a lo largo del Rin, así como las codiciadas regiones de Alsacia y Lorena.

En cuanto a los príncipes alemanes, se les dio lo que querían en primer lugar. Se les concedió el derecho a gobernar sus dominios inmediatos como mejor les pareciera, y sus súbditos protestantes fueron libres de seguir siendo protestantes. Otro acontecimiento digno de mención fue el hecho de que a Federico Guillermo, el gran elector de Brandeburgo-Prusia, se le entregara Pomerania Oriental. Esto sería crucial en el desarrollo posterior de un estado mucho más poderoso conocido como Prusia.

El emperador del Sacro Imperio Romano Germánico había quedado reducido a poco más que una figura decorativa. Los príncipes alemanes tenían que reconocerlo como su señor, pero ¿qué significaba eso exactamente? El único punto real que se estipuló a los príncipes alemanes fue que no se involucraran en asuntos exteriores que fueran en contra de los deseos del emperador.

Así, el mosaico de reinos alemanes dentro del Sacro Imperio Romano Germánico se hizo aún más autónomo de lo que había sido antes. Fue una existencia tenue y frágil la que urdió la Paz de Westfalia, y no pasaría mucho tiempo antes de que las intrigas extranjeras en las que se había prohibido participar a los príncipes alemanes amenazaran con desgarrar todo el imperio.

# Capítulo 6: La Ilustración y el ascenso de Prusia

*«Toda la guarnición de Berlín había acudido. Un gran espectáculo de príncipes, generales y otros personajes. Me mezclé con la multitud y me impresionó el interés que manifestaba la gente más baja por las cosas militares. Ni rastro de la antigua animadversión contra los militares que solía notarse entre las clases bajas. El trabajador más común miraba a las tropas con el sentimiento de pertenecer o haber pertenecido a ellas».*
—Príncipe Clodoveo de Hohenlohe-Schillingsfürst[i].

La región que hoy conocemos como Alemania ha sido un centro de comercio durante miles de años. Los bienes comerciales y las ideas han fluido libremente por toda Europa y más allá gracias a Alemania. Esta fue la tierra que vio nacer a Wolfgang Amadeus Mozart, Franz Joseph Haydn, Johann Sebastian Bach, Immanuel Kant y Ludwig van Beethoven.

Entrelazado con este creciente sentido de la cultura y la identidad, el mosaico de estados que formaban el Sacro Imperio Romano Germánico se estaba volviendo más asertivo y distinto por derecho propio. La Paz de Westfalia garantizó una mayor autonomía regional, dando lugar al surgimiento de lo que los cronistas de la historia alemana han denominado *Kleinstaaterei*, o pequeños estados.

---

[i] Retallack, James, *Imperial Germany: 1871-1918.* 2008. Pág. 19.

Los pequeños estados controlaban su propio destino y forjaban activamente su futuro. Este era ciertamente el caso de los poderosos estados alemanes como Baviera, Sajonia, Austria y Brandeburgo-Prusia. Estas regiones eran tan autónomas que tenían sus propias preferencias religiosas, su propia burocracia e incluso sus propios ejércitos.

El emperador del Sacro Imperio Romano Germánico se consideraba ostensiblemente el señor de todos estos principados, pero en realidad no era más que un igual entre iguales. Apenas era capaz de mantenerlo todo unido. El emperador del Sacro Imperio Romano Germánico pronto se vería arrojado a la prominente sombra de Prusia. En los albores del siglo XVIII, Austria formaría la base del Sacro Imperio Romano Germánico y los Habsburgo se convertirían en los gobernantes hereditarios.

En esta época, Prusia tenía una población de apenas unos tres millones de habitantes. En la década de 1750, Prusia contaba con una de las fuerzas militares más fuertes de la región y estaba ampliando sus fronteras. La burocracia del Sacro Imperio Romano Germánico era enorme y engorrosa. El principal árbitro de las disputas entre las numerosas partes del imperio era el órgano imperial conocido como el *Reichstag*. Aunque el *Reichstag* de este periodo no tenía una ubicación fija, de 1664 a 1806, las reuniones del *Reichstag* se convocaban con mayor frecuencia en la ciudad bávara de Ratisbona. Los estados individuales contaban con su propia maquinaria burocrática, pero el *Reichstag*, más amplio y general, cumplía la función principal de vetar los decretos directos del emperador. Una analogía similar sería un presidente estadounidense o un primer ministro británico enfrentados constantemente a un Congreso o Parlamento lleno de miembros del partido contrario. El emperador del Sacro Imperio Romano Germánico estaba perpetuamente paralizado, a menos que consiguiera de algún modo que el *Reichstag* accediera a seguir sus órdenes.

El emperador tampoco estaba bien equipado para proteger a estos principados de las amenazas exteriores. Un excelente ejemplo de ello fue la crisis de la sucesión austriaca, que se transformó en la devastadora guerra de los Siete Años. Esta resultaría ser una de las guerras más cruciales del siglo en lo que respecta al destino de Europa Central. Las razones de la guerra son a la vez simples y complejas. La raíz del conflicto giraba en torno a la sucesión de una aspirante a potentada, María Teresa, al trono austriaco. Sin embargo, la guerra se vuelve excesivamente complicada debido a todos los motivos de los demás actores de poder implicados y a las inevitables agendas que se mezclaron en todo este embrollo.

María Teresa era la hija del emperador del Sacro Imperio Romano Germánico Carlos VI, y tenía derecho a suceder a su padre como gobernante de la Casa de Habsburgo. El emperador del Sacro Imperio Romano Germánico Carlos VI estableció específicamente para este fin un decreto en 1713 conocido como la Pragmática Sanción[i]. El decreto estipulaba que María Teresa podía suceder a su padre si este no tenía un heredero varón para el trono austriaco, gobernado por los Habsburgo durante tanto tiempo.

Los Habsburgo eran una línea familiar dinástica que se remontaba al ascenso de Rodolfo I como rey de Alemania en 1273 e. c. Rodolfo adquirió lo que entonces se conocía como los Países Bajos de Austria, que era un principado del Sacro Imperio Romano Germánico. En 1508, subió al poder el emperador del Sacro Imperio Romano Germánico Maximiliano I. Este pertenecía a la línea de los Habsburgo y, a partir de entonces, la Casa de Habsburgo gobernaría el Sacro Imperio Romano Germánico. La composición del imperio cambió cuando Maximiliano se hizo con el control de los Países Bajos mediante su matrimonio con María de Borgoña, aunque ella pereció antes de que él se convirtiera oficialmente en emperador.

Esto sentó las bases para una mayor consolidación del reino por parte del nieto de Maximiliano, Carlos V, que fue elegido nuevo emperador del Sacro Imperio Romano Germánico en 1519. Junto con las tierras que arrebató a Maximiliano, Carlos V acabó heredando el trono español y sus colonias de su padre, Felipe el Hermoso, que se había casado con Juana la Loca de España (sí, son títulos reales).

El dominio que Carlos V acabó controlando era alucinantemente grande, y como tal, estaba constantemente en movimiento de una parte a otra del imperio para asegurarse de que todo estaba en orden. Un cansado, enfermo y agotado Carlos V abdicó en 1556, permitiendo que su hijo, Felipe II de España, y su hermano, Fernando I, se repartieran efectivamente la herencia. Fernando I obtuvo Austria y otras posesiones imperiales, mientras que Felipe se quedó con el control de los Países Bajos, parte de Italia y el vasto Imperio español, que en ese momento controlaba gran parte de Sudamérica y partes de Norteamérica.

---

[i] Middleton, John. *World Monarchies and Dynasties*. 2005. Pág. 360.

También controlaba las Filipinas, que llevaban el nombre de Felipe, por supuesto.

Los Habsburgo centrados en Austria, controlaban gran parte de lo que tradicionalmente había sido el Sacro Imperio Romano Germánico, así como tierras adquiridas adicionalmente en Europa oriental. Carlos VI, el padre de María Teresa y cuya sucesión provocó la crisis, era a la vez el emperador del Sacro Imperio Romano Germánico y el jefe del vasto dominio de los Habsburgo. Carlos VI murió el 20 de octubre de 1740 sin heredero varón. Hubo quienes creyeron que debía permitirse a María Teresa suceder a su padre, pero también hubo quienes se manifestaron en clara oposición. Todas las facciones tenían sus razones para apoyar u oponerse a la sucesión de María Teresa. Los que apoyaban su sucesión señalaban el Edicto de Pragmática Sanción, que había sido promulgado por Carlos VI, y aseguraba que las posesiones hereditarias podían ser heredadas por una mujer heredera en caso de necesidad.

Sin embargo, este edicto no decía que una heredera pudiera convertirse en emperatriz del Sacro Imperio Romano Germánico. Y como los Habsburgo tenían tal dominio del cargo en ese momento, la sucesión de María Teresa creaba un dilema. María Teresa y su círculo íntimo tenían una solución. Se propuso que ella no se convirtiera en emperatriz del Sacro Imperio Romano Germánico; en cambio, su marido, Francisco Esteban, sería elegido emperador del Sacro Imperio Romano Germánico.

Federico II el Grande, el líder de la poderosa Prusia, no estaba de acuerdo. Aunque hasta hoy nadie puede decir con exactitud lo que había en el corazón de Federico, se ha sugerido durante mucho tiempo que su motivo oculto al oponerse a la sucesión era apoderarse de la Silesia austriaca, una rica provincia, para incorporarla a Prusia. Federico se opuso a la sucesión de María Teresa y luego reclamó Silesia para sí.

**Federico II de Prusia** °

Estos acontecimientos desencadenaron la guerra de sucesión austriaca el 16 de diciembre de 1740. Correspondió entonces a las demás grandes potencias de la época intervenir, en función de sus propios intereses. Y así lo hicieron. Gran Bretaña, los Países Bajos, el Reino de Cerdeña y el Electorado de Sajonia se pusieron del lado de María Teresa. Sin embargo, Francia apoyó a Prusia.

Al principio, las cosas no pintaban demasiado bien para Prusia, ya que el único aliado fiable de Federico era el Electorado de Baviera. Sin embargo, el poderoso ejército de Federico obtuvo rápidamente una serie de asombrosas victorias en la primera guerra de Silesia. Los prusianos eran expertos en estrategias de guerra y eran notoriamente buenos a la hora de destrozar las posiciones enemigas más débiles antes de obligar a dispersarse a líneas defensivas enteras. Federico empleó tal táctica durante los sangrientos combates de Mollwitz en 1741. En 1742, los prusianos obtuvieron otra gran victoria.

Para entonces, Federico se llamaba a sí mismo rey de Prusia. Esto era importante porque su padre había usado el título más servil de rey de Prusia. Al declarar que era el rey *de* Prusia (incluidas las tierras recién conquistadas en Austria), se deshacía de cualquier idea de que estaba subordinado a cualquier otro señor.

Estos golpes de martillo desembocaron en el Tratado de Breslau, que cedió Silesia y el condado de Glayz a Prusia. Prusia invadió entonces Bohemia, dando inicio a la segunda guerra de Silesia.

Federico y sus fuerzas prusianas obtuvieron más victorias en la segunda ronda de combates, llevándose la mejor parte en las batallas centradas alrededor de Soor y Hohenfriedberg. Estas conquistas en Silesia condujeron prácticamente a duplicar el tamaño del territorio prusiano y también aumentaron significativamente sus ingresos globales.

Todos estos acontecimientos desembocaron en el Tratado de Dresde de 1745. Esto, de nuevo, obligó a Austria a reconocer el Tratado de Breslau, pero Federico finalmente reconoció al marido de María Teresa como el legítimamente elegido emperador del Sacro Imperio Romano Germánico. Sin embargo, la Prusia de Federico se había convertido indiscutiblemente en un actor importante en Europa.

Y Federico, el hombre que había comenzado el sangriento conflicto, estaba siendo aclamado como «Grande». Desde Carlomagno no se había alzado una figura con tanto vigor y audacia. Federico estaba preparado para enfrentarse al mundo entero. Sin embargo, era un realista pragmático en lugar de un conquistador del mundo. Tras salir vencedor de las guerras de Silesia, sabía que su mano estaba totalmente jugada. Había ganado las guerras, pero había sido a un alto precio tanto en sangre como en tesoro, que intentó reponer utilizando los ricos recursos de las tierras recién arrebatadas, así como aumentando los impuestos en sus dominios más antiguos.

Federico era un absolutista. Creía que debía tener autoridad absoluta sobre su reino, pero también creía que era un absolutista «ilustrado». Esto significa que Federico era un defensor de muchos de los ideales de la Ilustración europea, que se había apoderado firmemente de gran parte de Europa Occidental en aquella época.

Aunque la Ilustración se considera sobre todo el juguete de los filósofos, en realidad encaja con la Revolución Científica, que había comenzado justo antes. Los descubrimientos de grandes científicos, como Johannes Kepler, Francis Bacon, Isaac Newton y Galileo Galilei, consiguieron provocar las mentes de muchos filósofos. Galileo, en particular, los provocó de varias maneras. Demostró que la Tierra no es el centro del universo.

Antes del descubrimiento de Galileo de que la Tierra giraba alrededor del sol y no al revés, la mayoría de la gente creía que la Tierra era literalmente el centro del escenario. Todo giraba a su alrededor. Esta era una idea errónea muy común. Cuando miramos al cielo, sin darnos cuenta de que la Tierra se mueve bajo nuestros pies, parece que el sol sale y se pone, que es el sol el que se mueve y la Tierra está quieta. Los descubrimientos de Galileo demostraron que no era así, y fue (a falta de una palabra mejor) estremecedor, o al menos bastó para echar por tierra parte de la arrogancia de la humanidad.

Otra forma en que un científico como Galileo provocó la mente del filósofo fue la reacción de los gobernantes autoritarios ante sus descubrimientos. En lugar de celebrar el descubrimiento de Galileo, las autoridades (tanto religiosas como laicas) trataron de suprimir lo que Galileo había descubierto. Estos guardianes sociales parecían pensar que la revelación de Galileo de que la Tierra no era tan única como la gente había pensado antes era peligrosa y debía de ocultarse al público a cualquier costo. Obligaron a Galileo a retractarse de sus escritos.

En los años que siguieron, los filósofos comenzaron a reflexionar sobre estos temas y empezaron a considerar lo perjudicial y asfixiantes que podían ser los guardianes autoritarios de la sociedad para el libre pensamiento y el avance del conocimiento humano. Fue así como la Revolución Científica puso en marcha el Siglo de las Luces, que hizo que los de mentalidad filosófica reconsideraran la estructura de la sociedad e incluso la propia naturaleza humana.

Pronto, filósofos como Thomas Hobbes, John Locke, Voltaire y René Descartes exploraron las profundidades del alma humana para encontrar respuestas a algunas de las preguntas más profundas de la humanidad. Irónicamente, estas cavilaciones resonaron incluso en gobernantes autoritarios posteriores como Federico el Grande de Prusia.

Esto condujo a una peculiar creación de líderes conocidos como déspotas ilustrados o absolutistas ilustrados. Algunos filósofos estaban de acuerdo con el concepto. El filósofo francés Voltaire (que acabó haciéndose amigo de Federico) era un conocido partidario de la noción de «reyes filósofos».

En cualquier caso, a pesar de la carnicería que Federico había desencadenado, creía realmente que él —siendo el déspota autoritario ilustrado que era— tenía en mente los mejores intereses de su pueblo y pretendía crear un Estado que elevara a las masas. Aun así, al estallar la tercera guerra de Silesia en 1756, que se convertiría en escenario de la guerra de los Siete Años, la noción de que Federico tenía en mente los mejores intereses de su pueblo se volvería cada vez más tensa.

Esta guerra fue desigual para Prusia en el sentido de que los prusianos perdieron tantas batallas como las que ganaron. Prusia sufrió reveses increíbles y, en dos ocasiones diferentes, la poderosa ciudad de Berlín fue ocupada por fuerzas enemigas.

El año 1757 fue testigo de la peor derrota de los prusianos en la batalla de Kolín, que se dice que costó la vida a más de nueve mil soldados prusianos. Prusia se recuperó y, poco después, las fuerzas prusianas, a pesar de enfrentarse a ejércitos numéricamente superiores, obtuvieron dos victorias posteriores en las batallas de Rossbach y Leuthen, en esta última murieron o cayeron prisioneros todos los combatientes enemigos sobre el terreno.

Los prusianos consiguieron otra victoria después de esta aplastante victoria en la batalla de Zorndorf, pero fue considerada pírrica. Aunque dieciséis mil rusos resultaron muertos o heridos, hasta trece mil prusianos corrieron la misma suerte. Dado que Prusia, en circunstancias normales, no podía disponer de un ejército tan grande como los rusos, esta «victoria» fue realmente costosa.

Los prusianos sufrieron una serie de derrotas entre 1758 y 1759. La primera derrota fue la batalla de Hochkirch, que dejó en ruinas a un tercio de las fuerzas de Federico. La batalla de Kunersdorf fue mucho peor, ya que solo quedó con vida una fracción de los prusianos que participaron en ella. El ejército que acudió a la batalla contaba con unos 48.000 hombres. Se dice que unos 20.000 hombres murieron o resultaron heridos. Peor aún, se calcula que medio millón de civiles perecieron en todos estos interminables combates.

Finalmente, la guerra llegó a su fin por medio de la diplomacia. La guerra terminó oficialmente con el Tratado de Hubertusburg en 1763. El tratado básicamente devolvió a todos los beligerantes a su *statu quo* anterior a la guerra. Aun así, Prusia fue la clara vencedora por ser capaz de plantar cara a Austria sin perder territorio. Con ello, los prusianos demostraron que eran una fuerza a tener en cuenta.

Una vez finalizada la contienda, Federico hizo todo lo posible por reconstruir y rehacer Prusia para convertirla no solo en una potencia militar, sino también en una potencia cultural. Hizo de Berlín una ciudad importante y promulgó reformas democráticas como la libertad de prensa y programas sociales bastante progresistas para sus ciudadanos.

Federico inició el proceso de codificación del derecho prusiano en 1780. Las leyes de estos libros jurídicos eran progresistas para la época. Redujeron los motivos de la pena capital, prohibieron la tortura y trataron de frenar las detenciones arbitrarias. Tales cosas son derechos que la mayoría de nosotros damos por sentados en el mundo occidental. Pero sí, antes de que una nación como Estados Unidos hubiera desarrollado plenamente la Carta de Derechos, Federico estaba otorgando a su pueblo derechos similares en su propio código legal.

# Capítulo 7: La era napoleónica y la Confederación del Rin

A Federico el Grande de Prusia, que se había hecho amigo del filósofo francés Voltaire, le gustaba presentarse como un déspota ilustrado. Sin embargo, seguía siendo un déspota. Esto quedó demostrado al final de la guerra de los Siete Años. Al conocer las desoladoras cifras de muerte y destrucción, Federico decidió «disparar al mensajero». Le irritaron tanto las conclusiones que se dice que mandó encarcelar al burócrata que le informó de las aleccionadoras estadísticas.

Aun así, no era ni mucho menos tan despótico como los tiranos creados por la Revolución francesa. A diferencia de lo que ocurrió en los Estados Unidos de América y, sobre todo, en Francia, la revolución que tuvo lugar en los estados alemanes fue relativamente tranquila. Estados Unidos tuvo que deshacerse de la mayor potencia del planeta — Gran Bretaña— en una sangrienta guerra revolucionaria. Francia desató todo tipo de demonios internos en su afán por derrocar a la monarquía francesa y establecer una república.

Los prusianos reformaron su país de forma mucho más equilibrada. Para empezar, nunca buscaron derrocar a su monarca. Puede que las reformas de Federico fueran grandes, pero él también lo era. El pueblo lo aceptó como su máximo dirigente y esperó pacientemente las reformas que promulgaba. Desde luego, no estaban ansiosos por enviar pronto al viejo Federico a la guillotina. Lo mismo podría decirse del posterior reinado de María Teresa. Fue una reformadora suave, y su propio pueblo —si no sus vecinos— aceptó el ritmo con el que gobernaba.

Precisamente debido a la naturaleza no radical de las reformas, los estados alemanes carecían de unidad y propósito. También carecían de cualquier garantía real de que los derechos individuales que habían conseguido continuarían. Los derechos de libertad religiosa concedidos en el pasado habían sido rescindidos arbitrariamente por los monarcas: ¿quién iba a decir que algo así no podría volver a ocurrir?

A finales del siglo XVIII y principios del XIX, cuando se producía la agitación en Francia, los franceses parecían estar mostrando a los alemanes un camino potencial para convertirse en una civilización moderna e ilustrada. No era la primera vez que los franceses intervenían en la historia alemana. Los franceses habían desempeñado un papel importante en la guerra de los Treinta Años durante las luchas en torno a la sucesión austriaca.

Después de que Francia fuera puesta patas arriba por su propia revolución y, sobre todo, tras el ascenso del general convertido en dictador Napoleón Bonaparte, los franceses empezaron a interferir por la fuerza aún más en los estados alemanes. Tras la Revolución francesa, las tropas francesas entraron en tierras alemanas anunciándose como liberadores ilustrados.

Los franceses desempeñaban con entusiasmo el papel de hermanos mayores ilustrados en la marcha cultural hacia la modernidad. Los franceses prometieron esencialmente acelerar el proceso de las lentas reformas ofrecidas por los monarcas Habsburgo en Austria y los Hohenzollern (como en el caso de Federico) en Prusia.

Los alemanes ya tenían bastante experiencia en el asunto de la agitación revolucionaria, puesto que los estados alemanes fueron el centro de atención durante la Reforma. Aunque la Reforma protestante se centraba en la religión y estaba revestida de ella, también era una llamada a la reforma social. Dado que la mayoría de estos esfuerzos no resultaron según lo planeado por los principales reformadores, los alemanes tenían grabado a fuego en su conciencia el tomar los llamamientos a reconstruir las normas sociales con bastante cautela.

La única gran cosa que tenían en común las reformas alemanas y la Revolución francesa era el hecho de que ambas buscaban limitar el poder de intromisión del gobierno central en los asuntos personales. Los alemanes habían librado una larga y dura batalla para que se les permitiera tener cierta libertad religiosa. Asimismo, la Revolución francesa puso fin rápidamente a la religión sancionada por el Estado. Eso hasta que los revolucionarios invirtieron brevemente (y de forma bastante extraña) el rumbo e intentaron crear su propia religión estatal universal. Este fue el designio del incendiario revolucionario francés Maximilien Robespierre y duraría muy poco. Robespierre acabaría siendo ejecutado. En última instancia, los franceses lograron un equilibrio similar al de los alemanes, en el que existía una cantidad limitada de libertad religiosa, libre del control de líderes religiosos lejanos como el papa.

Tras el estallido de la Revolución francesa en 1789, los alemanes empezaron a preguntarse si no estarían de algún modo atrasados en lo que respecta a la Ilustración, que había arrasado Europa Occidental. Una persona que parecía reflexionar al respecto era el gran filósofo alemán Immanuel Kant.

Kant observó a los franceses y especuló abiertamente. «La ilustración es el éxodo del hombre de su propia tutela». En otras palabras, la ilustración se produce cuando uno intenta abandonar los viejos caminos de la tradición para descubrir horizontes nuevos y más significativos.

Kant se fijó en sus hermanos franceses en filosofía, como Voltaire y especialmente Jean-Jacques Rousseau. Recordemos que Rousseau era famoso por afirmar que «Todo es bueno cuando sale de las manos del [Creador], todo degenera en manos del hombre»[i].

Rousseau hablaba de una degeneración muy clara inherente a la civilización humana. Los revolucionarios franceses tendrían que corregir esta degeneración. Intelectuales políticos franceses como Maximilien Robespierre estaban totalmente de acuerdo en que las instituciones sociales corrompían a las personas y convertían en malas a personas que, de otro modo, serían buenas. Si se eliminaban esas instituciones, los humanos podrían volver de nuevo a su estado bueno y natural.

Sin embargo, en la época de Rousseau —e incluso hoy—, en el momento en que se eliminaban las construcciones de la sociedad, como las leyes, una fuerza policial y cierto sentido de la virtud religiosa, el caos no tardaba en llegar. Los seguidores de Rousseau aprenderían por las malas que las instituciones de la sociedad mantienen bajo control las peores inclinaciones de los humanos, y no al revés.

---

[i] Gibson, Andrew. *Modernity and the Political Fix*. 2019. Pág. 95.

Las reglas y normas sociales se crearon por una razón. Otro gran filósofo, Thomas Hobbes, se empeñó en señalar que la vida se pondría muy fea, muy rápido, sin leyes. Rousseau pensaba que las instituciones sociales eran el problema, pero su eliminación devolvería aparentemente a los humanos a la Edad de Piedra. Quien tuviera el garrote más grande estaría temporalmente en la cima hasta que llegara alguien con un garrote más grande. En resumen, una sociedad así no funcionaría. Sin instituciones sociales, las pasiones descontroladas de las masas se desbocarían.

No obstante, los revolucionarios señalaron las ideas vertidas por Rousseau como el evangelio y su razonamiento para hacer lo que hicieron. Asaltaron la Bastilla y encadenaron a los líderes tradicionales y a los representantes de la sociedad.

Antes de que las cosas se pusieran tan feas, a los filósofos alemanes les gustaba tomar prestadas ideas de los intelectuales franceses. En la década de 1750, bajo Federico el Grande, muchos en la corte prusiana se hicieron francófilos. Federico amaba todo lo francés. Dominaba tanto la lengua como la cultura. Aun así, Federico creía que la cultura alemana era en realidad la mejor de las dos. Creía que los alemanes tenían una disposición y una ética de trabajo más duras. Podían efectuar cambios reales y perdurables, mientras que los franceses, por muy inteligentes e ingeniosos que fueran, tenían una voluntad demasiado débil para crear realmente algo de importancia a largo plazo.

Estas cosas son dignas de mención, teniendo en cuenta el posterior descenso de Alemania a la locura bajo el régimen nazi, que también alardeaban de la fuerza de la voluntad alemana. Aunque los nazis corrieron con esta idea, parece que este había sido un tema común en la sociedad alemana durante muchos siglos. Incluso se podría argumentar que se remonta a la época de los romanos, que a menudo citaban a las tribus germánicas que encontraban como poseedoras de una voluntad tenaz.

Sin embargo, los bárbaros alemanes de antaño trabajaron duro para crear sociedad. La mayoría de los líderes de la sociedad alemana no estaban demasiado entusiasmados en destrozar la sociedad, como sugerían los revolucionarios franceses.

Federico el Grande era un gobernante absolutista librepensador y animaba a los demás a pensar por sí mismos. Incluso llegó a hacer que la Academia de Berlín retara a sus miembros a reflexionar abiertamente sobre las últimas intrigas y elucubraciones filosóficas. En 1780, justo antes de su propio fallecimiento, Federico inició un debate masivo entre los alemanes sobre conceptos tan complejos como si es útil engañar a la gente.

Para muchos, una pregunta así puede parecer equivocada desde el principio, pero en realidad es una pregunta válida para cualquier persona interesada en gobernar la sociedad. Hay ocasiones en las que demasiada información, demasiado pronto, podría causar más perjuicios que beneficios a las masas. Es famoso el caso de Martín Lutero, que abrió las compuertas animando a los laicos a leer las Escrituras por sí mismos y a encontrar la verdad de la Biblia por su cuenta. Los resultados fueron cataclísmicos. Sin la Iglesia católica dictando su propia interpretación oficialmente sancionada, ciudades enteras luchaban entre sí por su propia «verdad» percibida de las escrituras. Teniendo en cuenta todo esto, se podría discutir y debatir con razón sobre cuánto de la verdad debe decir un gobierno a su pueblo.

Tenemos ejemplos de este enfoque activamente en juego en la actualidad. Si, por ejemplo, el ejército de Estados Unidos desarrolla un caza furtivo de última generación que puede maniobrar de formas que los aviones convencionales no podrían, ¿se lo comunicarían al público? Por temor a la seguridad nacional, se mantendría al público en la oscuridad, especialmente en las fases iniciales de producción, no sea que las naciones adversarias se enteren de los secretos estadounidenses.

Así que, sí, por malo que pueda parecer a primera vista, engañar al público es a menudo una cuestión de política pública.

El debate filosófico alemán se decantó en última instancia por la solidaridad con el propio líder y la propia nación. La noción de «nación alemana» era vaga, ya que era anterior al surgimiento de Alemania tal y como la conocemos hoy. Sin embargo, la idea de que la sociedad debía, en última instancia, someterse a los que mandaban y mostrar algún tipo de solidaridad con la nación en su conjunto arraigó entre los estados alemanes tras la Revolución francesa.

Esto podría considerarse el inicio de una especie de nacionalismo pseudoalemán. Los estados alemanes se preciaban por su carácter cosmopolita como encrucijada de Europa Central, pero las amenazas de Francia provocaron un repliegue hacia una nación más alemana.

La amenaza fue suficiente para que los dos líderes del mundo alemán, Federico Guillermo II de Prusia y el gobernante austriaco de los

Habsburgo y emperador del Sacro Imperio Romano Germánico, Leopoldo II, unieran sus fuerzas. Este acuerdo para unirse contra los franceses se produjo en 1790, en la Convención de Reichenback. El tratado posterior tenía como objetivo solidificar la coalición en ciernes contra la Francia revolucionaria.

Un par de años más tarde, en 1792, la situación con Francia había alcanzado un verdadero punto de inflexión, con las fuerzas francesas empujando hasta las fronteras alemanas. Los príncipes alemanes del Rin reforzaron su acuerdo anterior, suscribiendo entre sí un tratado de defensa mutua. Francia declaró la guerra a Austria en abril de 1792, y el ejército francés se adentró en Renania.

Durante este empuje, los franceses proclamaron en voz alta la liberación de varias ciudades alemanas, como Worms, Maguncia y Speyer. Se abrió una brecha temporal entre las potencias de Austria y Prusia, y se convenció a los prusianos para que permanecieran neutrales. Los franceses siguieron carcomiendo el bando austriaco del Sacro Imperio Romano Germánico, lo que condujo a una terrible derrota en Hohenlinden el 3 de diciembre de 1800. Esta derrota hizo que los austriacos perdieran la parte occidental de Renania.

Para entonces, Napoleón ya había sido declarado emperador por los franceses y estaba decidido a ampliar sus posesiones imperiales. Esta ambición desmedida desembocó en la impresionante batalla de Austerlitz en 1805. Una vez más, Austria sufrió otra terrible derrota.

Al año siguiente, en 1806, se disolvió el Sacro Imperio Romano Germánico. La razón de esta disolución se debió en gran parte a que Napoleón coaccionó a los príncipes alemanes del Rin para que formaran la Confederación del Rin. Tras la disolución del Sacro Imperio Romano Germánico, la Confederación del Rin se unió aún más. Prusia cargó con cierta culpa, ya que fue un socio silencioso en todo esto.

Los alemanes no tardaron en darse cuenta del terrible trato que habían hecho. Es probable que algunos alemanes sintieran que habían hecho un trato con el diablo, sobre todo cuando en 1807 se comprobó que Prusia, cuyo territorio ya había sido engullido por los hambrientos franceses en el oeste, acabaría perdiendo aún más. Quedó reducida únicamente a sus posesiones orientales de Brandeburgo, Prusia Oriental y Silesia.

¿A esto iba a quedar reducida Prusia? Federico el Grande había luchado duro para ganar Silesia, pero ahora, los prusianos habían perdido casi todo lo demás. Prusia había quedado convertida en un estado ineficaz al servicio de los intereses franceses.

Esta situación no se mantendría por mucho tiempo. Los alemanes estaban más decididos que nunca a permanecer unidos para no ser presa de las depredaciones extranjeras. La marcha hacia la unificación alemana acababa de comenzar.

# Capítulo 8: De la revolución a la unificación

*«La cultura alemana es, ante todo, la unidad del estilo artístico en todas las expresiones de la vida de un pueblo».*
—Friedrich Nietzsche[i].

La Revolución francesa y su posterior conquista dictatorial por Napoleón Bonaparte acabarían en desastre para los franceses. Tras arrasar Europa Central, los franceses se atrevieron a aventurarse en las gélidas profundidades de Rusia. Llegaron a Moscú en diciembre de 1812, solo para encontrar la ciudad abandonada y todo quemado hasta los cimientos.

El ejército ruso, que se había trasladado más al este, había tendido una trampa a los incautos franceses. Habían dejado tras de sí una tierra calcinada y helada. Los franceses intentaron establecerse en la capital rusa, pero descubrieron que estaban mal preparados para el invierno. Sin los suministros adecuados y bajo el ataque constante de los insurgentes, tuvieron que retirarse.

Esto condujo a una desastrosa retirada a través de miles de kilómetros de terreno nevado que dejaría al ejército de Napoleón destrozado. Los franceses recibieron entonces un terrible golpe en la batalla de las Naciones en Leipzig en 1813 por una fuerza combinada de británicos, rusos y prusianos.

---

[i] Retallack, James. *Imperial Germany: 1871-1918.* 2008. Pág. 107.

Los franceses se vieron obligados a negociar los términos de su rendición en la Paz de París de 1814. Napoleón fue arrestado. Escaparía brevemente y volvería a causar problemas en 1815, pero fue una causa perdida. Una vez más sería derrotado, y esta vez, permaneció en el exilio durante el resto de su vida.

Debido a toda esta agitación, los estados alemanes habían cambiado. Ahora estaban en una nueva trayectoria hacia la unificación. En todo caso, sabían que cuanto más unidos estuvieran, menos probable sería que alguna fuerza exterior pudiera separarlos. Otras potencias mundiales no estaban tan seguras de que una Alemania unida fuera lo mejor para sus intereses. Intentaron confundir o al menos retrasar esta evolución. Las grandes potencias apoyaron una versión mucho menos sólida de la Confederación Alemana del Rin. El centro legislativo de esta nueva amalgama de estados alemanes era Fráncfort. Este reino dividido era mucho más apetecible para las grandes potencias de Gran Bretaña, Francia y Rusia.

La cultura y la sociedad del reino comenzaron a ver un retroceso a las estructuras sociales clásicas. El periodo de posguerra de la década de 1820 ha sido ridiculizado por algunos antagonistas como la era *Biedermeier*. La era *Biedermeier* fue en realidad una mezcla de ambas cosas. Era una época que valoraba a la clase media alta, pero su estatus no estaba asegurado. Durante este periodo, la sociedad alemana valoraba la meritocracia y una fuerte ética del trabajo. Aquellos a los que se consideraba que habían trabajado lo suficiente podían ascender a la clase media o más allá.

La era *Biedermeier* conservó los antiguos valores sociales en su corazón, pero defendió lo que el historiador Steven E. Ozment ha descrito como una sociedad ascendente de pensadores innovadores en la que se valoraba el mérito por encima de la herencia aristocrática[1]. Sí, los alemanes intentaron tenerlo todo. Deseaban una ley y un orden fuertes, valores conservadores, amor al rey y a la patria, y una rápida movilidad basada en la habilidad meritocrática más que en el nacimiento. Cualquiera podía ser lo que quisiera, siempre que obedeciera al rey, trabajara duro y demostrara su valía en cualquier oficio al que se aplicara.

A pesar del desdén de sus críticos, la era *Biedermeier* resultó ser inmensamente atractiva para muchos, tanto dentro como fuera de

---

[1] Ozment, Steven. *A Mighty Fortress*. 2004.

Alemania. Tal vez sea simplemente la naturaleza humana la que hace que la gente acabe queriendo más, porque los que más se beneficiaron de esta situación —la clase media alemana— acabaron defendiendo las reformas revolucionarias que comenzaron en la década de 1830.

En 1830 estalló en Francia la Revolución de Julio. Como hemos mencionado antes, los franceses habían influido mucho en la vida y la cultura alemanas desde los tiempos de la Galia y la Germania romanas. Esta señal de malestar en Francia hizo que las tierras de Alemania se prepararan para disturbios internos. La policía de varios estados, como Sajonia, Hannover, Baviera y Baden, puso a sus agentes en alerta máxima.

Tenían buenas razones para estar en guardia. Por aquel entonces, un nuevo movimiento de reformistas alemanes, llamado la Joven Alemania, se preparaba para tentar a la suerte al gobierno alemán. Los manifestantes se movilizaron en la década de 1840, exigiendo cambios como elecciones abiertas, el voto universal para los hombres, la reforma de los tribunales y una mayor libertad de expresión, prensa y religión. Estas protestas se vieron avivadas por nuevos problemas en 1846. Un declive de la economía y problemas con ciertos cultivos vitales para la gran mayoría de los alemanes provocaron crecientes niveles de descontento.

Bajo esta presión, la vaga confederación de estados alemanes comenzó a reclamar un mayor sentido de unidad mediante un parlamento nacional y quizás incluso una constitución nacional. Al parecer, esta agitación había alcanzado un punto de inflexión en marzo de 1848. Los disturbios llegaron a ser tan grandes que el principal ministro de asuntos de Austria, el príncipe Metternich, huyó a Inglaterra, y el emperador Fernando I de Austria fue expulsado de Viena.

Entretanto, el rey Federico Guillermo IV de Prusia se encontraba en su palacio mientras las protestas estallaban a su alrededor. Sintiéndose decididamente acorralado, empezó a hacer ciertas concesiones a los manifestantes, pero como suele ocurrir, esta aquiescencia solo echó leña al fuego. Pronto se encontró esencialmente bajo arresto domiciliario. Durante su confinamiento en palacio, fue presionado por los reformistas para que aprobara la elección de un flamante parlamento. El nuevo parlamento nacional se reunió por primera vez el 18 de mayo de 1848, en la iglesia de San Pablo de la ciudad de Fráncfort. Los debates sobre la constitución continuaron en 1849, hasta que en junio se estableció en Stuttgart, lo que Steven E. Ozment describe como una especie de «parlamento previo»[i]. Estas reuniones solían estar formadas por 450 delegados de la clase media. Este grupo clamaba por reformas, pero pedía moderación. Había un acto de equilibrio en juego entre las libertades individuales y la autoridad general del Estado. Aunque la clase media estaba sobrerrepresentada, los parlamentarios eran conscientes de las clases bajas y elaboraban la legislación pensando en ellas.

Estas delegaciones se convirtieron en la voz de un Estado protoalemán. Esta voz buscaba algo parecido a una monarquía constitucional en la que el monarca tuviera un papel más limitado del que había disfrutado en el pasado. Pero, ¿quién sería ese monarca? ¿Un Habsburgo? ¿Un Hohenzollern? Algunos creían que el mejor camino a seguir sería crear un Estado más pequeño bajo la autoridad del rey prusiano Federico Guillermo IV.

Sin embargo, a Federico Guillermo no le entusiasmó la idea. Señaló que cualquier corona que los revolucionarios pudieran darle sería esencialmente un collar de perro. En lugar de reinar, se vería refrenado por las ataduras que le pondrían los revolucionarios.

En cualquier caso, el 3 de abril de 1849, cuando la asamblea extendió a Federico Guillermo una oferta de corona, él insistió en que primero se sondeara a todos los reyes, príncipes y ciudades libres del imperio sobre su opinión al respecto. Finalmente, se negó a aceptar su oferta. Incapaz de convencer a Federico Guillermo e incapaz de obtener un mayor reconocimiento internacional, la Asamblea Nacional de Fráncfort se desmoronó. Su homóloga prusiana siguió su ejemplo en mayo.

A raíz de todo esto, la dinámica figura de Otto von Bismarck empezó a cobrar relevancia. Aunque nadie puede negar su importancia para la historia alemana, el legado de Bismarck ha seguido dividiendo las opiniones de los historiadores. Fue bajo el mandato de Bismarck cuando Alemania se convirtió por primera vez en una nación por derecho propio. Bismarck fue crucial para que Alemania lograra esto, pero es aquí donde comienza la división política. Algunos argumentan que Bismarck obstaculizó la modernización de Alemania y los ideales de la Ilustración que habían comenzado muchos años antes, mientras que otros sostienen que Bismarck fue el administrador de los alemanes en su entrada en la era moderna.

---

[i] Ozment, Steven. *A Mighty Fortress*. 2004.

Curiosamente, si uno se fijara en los antecedentes personales de Bismarck, vería que su vida familiar mientras crecía estaba igualmente dividida. Su padre vivió la vida más bien displicente de un *Junker*, es decir, el estilo de vida relativamente fácil de la élite propietaria de Prusia. Su madre era más laboriosa. Vivir la vida de terrateniente no era lo suficientemente satisfactorio para ella. Su ambición influyó en su hijo para que se alejara de la vida fácil de la aristocracia y se dedicara a una vida como laborioso funcionario de la bulliciosa meritocracia.

Bismarck terminó sus estudios en una de las mejores escuelas de Berlín. Se graduó y consiguió entrar en la función pública, pero al principio no se lo tomó muy bien. Pronto empezó a contemplar fervientemente el tradicional estilo aristocrático de los *Junkers*.

Mientras mantenía un pie en el mundo de los propietarios aristocráticos de Prusia y el otro en el mundo de la función pública, su fortuna empezó a subir lenta pero constantemente. En 1848, Bismarck, desde su puesto en la Dieta prusiana, se opuso a los reformistas más radicales. Sus esfuerzos fueron reconocidos por el poder prusiano y, a partir de aquí, fue un candidato muy solicitado para ocupar cargos ministeriales.

En 1851, Bismarck fue nombrado emisario oficial de Prusia a la Confederación Alemana con sede en Fráncfort. Durante su estancia en Fráncfort, Bismarck rebajó parte de su retórica anterior, que lo había situado en dura oposición a gran parte de las reformas. Se volvió más pragmático y empezó a adoptar una postura moderada que esperaba llevara a Alemania por un camino intermedio entre los dos polos de la cautela conservadora y el abandono liberal.

Aunque Bismarck se opuso en un principio a la unificación alemana, fue aceptando cada vez más —incluso alentando— el impulso hacia ella. Bismarck, fiel a su propio sentido pragmático de la *realpolitik*, que más tarde haría tan famoso, parecía pensar que la unificación era inevitable y que sería mejor con la clase aristocrática *Junker* al timón que con los revolucionarios más extremistas.

Bismarck se sumergiría cada vez más en la política internacional. Fue embajador en Rusia en 1859 y luego embajador en Francia en 1862. Durante su estancia en Francia, tuvo una visión clara del gobierno de Napoleón III.

Napoleón III conduciría más tarde a la nación francesa a una guerra contra los alemanes, al igual que su tocayo, Napoleón I, había hecho varias décadas antes. Napoleón III había ascendido al poder en Francia durante los disturbios de 1848 que había sacudido gran parte de Europa. Desde entonces había rehuido las elecciones democráticas en favor de reinar como déspota popular y dictador sobre lo que se declaró un nuevo Imperio francés.

Quizás esta amenaza creciente de una Francia revigorizada hizo que Bismarck considerara la unificación no solo como una cuestión de reforma, sino también de seguridad nacional. Napoleón Bonaparte se había aprovechado ampliamente de la desunión alemana y había conseguido destruir el Sacro Imperio Romano Germánico. Estuvo a punto de destruir también los reinos prusiano y austriaco. Alemania necesitaba estar unificada para hacer frente a tales amenazas, y probablemente fue con todo esto en mente que Bismarck declaró en septiembre de 1862 que Alemania debía unificarse no con discursos y deliberaciones, sino con «sangre y hierro».

Mientras tanto, se producían cambios territoriales estratégicos. En noviembre de 1863, el fallecimiento del rey Federico VII de Dinamarca instigó una disputa sobre los ducados de Holstein y Schleswig. El heredero de Federico VII, Cristián IX, estaba en proceso de reclamarlos, pero sus pretensiones fueron disputadas por un duque danés llamado Federico von Augustenburg.

Los prusianos se pusieron del lado del duque danés, esperando ganar territorio para ellos en el proceso. Bismarck se mostró cauteloso a la hora de intervenir, pero después de que Cristián IX se anexionara unilateralmente el territorio, Prusia, con el apoyo de Austria, emprendió la guerra contra Dinamarca. La coalición prusiano-austriaca venció y obligó a Cristián IX a renunciar a sus pretensiones.

Dado que prusianos y austriacos apoyaban ostensiblemente al duque danés Augustenburg, cabría pensar que el botín también sería para él. Sin embargo, Prusia y Austria tenían otros planes, que se dieron a conocer mediante la Convención de Gastein en 1865. Prusia se hizo con el control de Schleswig y Austria con el de Holstein.

Finalmente, Austria se retractó de este tratado, lo que desencadenó una guerra entre Prusia y Austria. Los dos bandos llegaron a un choque cataclísmico en Bohemia en la batalla de Königgrätz. La guerra austro-prusiana terminó finalmente con el Tratado de Praga de 1866, que condujo al Compromiso austro-húngaro al año siguiente. El compromiso supuso la creación de Austria-Hungría.

El año 1867 también vio el establecimiento de la Confederación del Norte de Alemania. Bismarck desempeñó un papel importante en esta nueva confederación de estados alemanes. Ayudó a redactar su constitución y sería nombrado su canciller.

El flanco occidental de Prusia se vio significativamente amenazado por Napoleón III con el estallido de la guerra franco-prusiana en 1870. Para entonces, Otto von Bismarck había ascendido al cargo de canciller y tenía un asiento en primera fila en todas las intrigas que condujeron a la guerra. Francia había sido sorprendida con la guardia baja por la sorprendente victoria prusiana contra Austria y, en muchos sentidos, tenía ganas de pelea. Bismarck, tan astuto como era, se dio cuenta de ello.

Todo empezó en 1870, cuando se pidió a uno de los miembros de la familia del rey prusiano Guillermo —el príncipe Leopoldo de Hohenzollern-Sigmaringen— que ocupara el trono español, vacío desde los disturbios de la Revolución Gloriosa, que había tenido lugar en España en 1868. La España posrevolucionaria había avanzado a trompicones con un gobierno provisional tras deponer a su reina Isabel. Pero en 1870, los españoles habían empezado a enviar invitaciones al príncipe Leopoldo para ver si tomaba el timón de una monarquía constitucional.

Esto hizo saltar las alarmas en Francia, ya que tal movimiento tendría esencialmente a los franceses rodeados por las potencias alemanas. Los franceses se quejaron de esto a Prusia. Al principio, el rey Guillermo se mostró conciliador y considerado con las preocupaciones de Francia y fue persuadido para disuadir a su pariente de aceptar la oferta de los españoles. Sin embargo, cuando los franceses se volvieron un poco demasiado insistentes y esencialmente exigieron a los prusianos que se comprometieran a que ningún miembro de su familia real aceptara nunca la corona para España, el rey prusiano empezó a agitarse.

El rey Guillermo rechazó esta última petición. La misiva oficial del rey cayó en manos de Bismarck para que la entregara, y este fue lo suficientemente astuto como para aprovecharse de una situación política explosiva. Sabía que los franceses estaban haciendo ruido de sables, y Bismarck predijo que si había que luchar, los franceses tendrían que perder. Así que decidió hacer una revisión de última hora de la carta del rey para hacerla aún más molesta para los franceses y ver si podía empujarlos a la guerra. Suprimió a propósito cualquier amabilidad y embelleció cualquier indicio de agresión. Esperaba que la dureza de las palabras desencadenara a los franceses y les diera ganas de luchar. Su plan de revisar las cartas fue un éxito asombroso.

En julio de 1870, franceses y prusianos estaban luchando. La guerra no fue nada bien para los franceses y, tras meses de sangrientos combates, los prusianos estaban a las puertas de París. Las unidades militares francesas depusieron las armas en Metz y Sedán, y los franceses se vieron obligados a capitular. La derrota francesa hizo que los prusianos reclamaran las codiciadas regiones de Lorena y Alsacia. Junto con esta apropiación de tierras, los vencedores prusianos también obligaron a Francia a desembolsar unos cinco mil millones de francos en concepto de reparaciones.

Los franceses acabaron cumpliendo los términos del tratado y devolvieron todo lo exigido. Los franceses no olvidarían esta medida punitiva y la devolvieron a los alemanes multiplicada por cien cuando el Estado prusiano sucesor de Alemania fue derrotado en la Primera Guerra Mundial.

El nacionalismo alemán había alcanzado un punto álgido innegable tras la victoriosa conclusión de la guerra franco-prusiana. Las tierras de Alemania, a pesar de todas las adversidades, se estaban uniendo como una sola nación. Bismarck dirigió las negociaciones para hacer realidad la unificación. El 18 de enero de 1871, Guillermo (en alemán: *Wilhelm*) I de Prusia fue nombrado emperador alemán. Veinticinco estados alemanes se unieron y vieron al rey de Prusia, ahora emperador alemán, como su señor supremo. Bismarck fue nombrado canciller imperial de este nuevo Imperio alemán, o *Reich* como lo llamaban los alemanes. Aun así, Bismarck sabía muy bien que el escenario internacional era bastante precario. Todavía existían los peligros que planteaba una Francia resentida en el oeste, así como la amenaza de intrigas de los rusos en el este. Gran Bretaña era imprevisible, ya que establecía libremente alianzas con ambas potencias.

Un mapa del *Reich* alemán [10]

Como tal, Bismarck adoptó un enfoque lento y cauteloso. Su pragmática cautela irritó al sucesor de Guillermo I, Guillermo II, que ascendió al trono de emperador alemán (o káiser) en 1888. El káiser Guillermo II tenía mucha más ambición que su padre y empezó a impulsar una política alemana más proactiva. Este deseo de maniobrar con más fuerza en la escena mundial lo llevó a obligar al envejecido Bismarck a retirarse en 1890.

El káiser Guillermo II aumentó su agresiva ambición imperial estableciendo colonias en África y Asia. Antes de este momento de la historia, Alemania había quedado en gran medida fuera del juego colonial que vio cómo Gran Bretaña, Francia, España e incluso Italia se apoderaban de posesiones extraterritoriales en el extranjero. El káiser Guillermo estaba decidido a establecer las colonias alemanas que pudiera mientras aún tuviera oportunidad.

Durante esta lucha por las colonias, el káiser se aseguró de reforzar la armada alemana. Esto desencadenó una especie de carrera armamentística con el Imperio británico; esta carrera armamentística continuaría hasta el estallido de la Primera Guerra Mundial.

La política del káiser con su otrora reticente aliado, Austria-Hungría, incendiaría el escenario político lo suficiente como para desencadenar la conflagración de la Primera Guerra Mundial.

# Capítulo 9: Las guerras mundiales: agitación y transformación

«*Señor, le habla Patton. Los últimos catorce días han sido un auténtico infierno. Lluvia, nieve, más lluvia, más nieve... y empiezo a preguntarme qué está pasando en su cuartel general. ¿De qué lado está usted entonces?*».

—La oración del general George S. Patton a Dios[i].

En los albores del siglo XX, una Alemania resurgente tenía preocupado a gran parte del mundo. En el este, los rusos estaban preocupados por lo que podría significar para ellos un Estado alemán más poderoso y en constante expansión en el centro de Europa Central. Los británicos estaban enzarzados en una carrera armamentística con los alemanes, ya que ambos pretendían dominar alta mar. Los franceses tenían una larga historia de conflictos con los estados alemanes y tenían buenas razones para prever nuevas agresiones en el horizonte.

Estas reservas llevaron a las tres grandes potencias de Rusia, Gran Bretaña y Francia a forjar una alianza vinculante para contrarrestar al Imperio alemán y a su antiguo aliado, Austria-Hungría. Pronto se promulgaron tratados de defensa mutua que establecían que un ataque

---

[i] Bill O'Reilly. *Hitler's Last Days: The Death of the Nazi Regime and the World's Most Notorious Dictator.* 2015. Pág. 148.

contra uno sería un ataque contra todos.

Hoy en día, parece fácil señalar la insensatez de estos tratados, ya que todos sabemos que esto preparó el terreno para la Primera Guerra Mundial. Sin embargo, al mismo tiempo, no estamos tan alejados de la historia. Podría argumentarse que la OTAN (Organización del Tratado del Atlántico Norte) podría conducir a un enredo similar. Los estatutos de la OTAN establecen que un ataque contra uno es un ataque contra todos. Así que uno podría preguntarse razonablemente, ¿en qué se diferencia eso de las enrevesadas alianzas que condujeron a la Primera Guerra Mundial?

En los años previos a la Primera Guerra Mundial, muchos temían que estallara algún tipo de enfrentamiento armado. Se temía que se produjera entre barcos británicos y alemanes. También empezaron a sospechar que un intercambio de este tipo desencadenaría un conflicto de mayor envergadura.

Más que un choque de armas entre dos armadas antagónicas que surcaban las aguas, la Primera Guerra Mundial comenzó en los Balcanes en 1914. Fue desencadenada por un acto terrorista. El archiduque Francisco Fernando visitaba las posesiones de Austria-Hungría en Bosnia, cuando él y su esposa fueron asesinados por un radical serbo-bosnio que formaba parte de la Mano Negra, un grupo nacionalista serbio. Este acontecimiento desencadenó la trampa que enviaría a las grandes potencias en rumbo de colisión hacia la guerra.

Este fue el detonante, pero los factores que llevaron al mundo a estar al borde de la guerra son mucho más complicados. Durante décadas (incluso se podría argumentar que siglos) antes del asesinato del archiduque Francisco Fernando, se habían establecido alianzas irracionales y enrevesadas. También había en marcha un resurgimiento del nacionalismo, lo que hizo que la situación fuera aún más explosiva.

Austria-Hungría había nacido como resultado del Compromiso de 1867, que unía a las dos coronas. Este compromiso se hizo para evitar cuestiones territoriales persistentes en la región entre Austria y Hungría, ya que a Hungría, aunque dentro del Imperio austriaco, se le permitió expresar sus propias ambiciones nacionalistas al concedérsele un cierto grado de autonomía. Hungría tenía su propio parlamento y supervisaba sus propios asuntos internos.

Sin embargo, aunque la fusión de Austria y Hungría podría haber evitado un posible conflicto entre ambos países, en las décadas siguientes surgirían más cuestiones territoriales, la más acuciante de las cuales se centraba en los Balcanes.

Muchas partes de los Balcanes se habían independizado recientemente, antes del asesinato. Antes de hacerlo, esta parte del mundo había estado dominada por la potencia islámica conocida como el Imperio otomano. Los otomanos procedían de una tribu de turcos que se abrió camino en Asia Menor durante la Edad Media. Demostraron ser bastante formidables y comenzaron a entablar escaramuzas con los bizantinos griegos, que controlaban gran parte de la región. Los otomanos acabaron imponiéndose a los griegos y capturaron la capital bizantina de Constantinopla en 1453, transformándola en la actual Estambul, Turquía. Sin embargo, los turcos no habían terminado. Marcharon directamente hacia los Balcanes, haciéndose con el control de Bulgaria, Albania, Macedonia, Serbia, Bosnia, Herzegovina, Montenegro e incluso la propia Grecia.

No fue hasta el siglo XIX cuando estas naciones conquistadas empezaron a deshacerse de los otomanos. Grecia se liberó de los otomanos en 1823 y Bulgaria hizo lo propio en 1885. Sin embargo, no todos los países balcánicos disfrutaron de un movimiento independentista limpio. Bosnia, por ejemplo, se limitó a cambiar un imperio por otro. Se libró de las garras de los otomanos en 1878, solo para quedar directamente bajo el control del Imperio austrohúngaro.

Muchos serbios de Bosnia no estaban contentos con este acuerdo. Estaban molestos por estar bajo el dominio de la monarquía austrohúngara. Este descontento dio lugar a fuertes sentimientos de nacionalismo. Este resurgimiento del nacionalismo llevó a un nacionalista serbo-bosnio a matar a tiros al archiduque Francisco Fernando.

Tras el asesinato del archiduque, los austriacos comenzaron a plantear exigencias cada vez más draconianas a Serbia. Las autoridades serbias temían una agresión y empezaron a movilizar tropas. Alemania prometió a Austria su pleno apoyo en cualquier posible conflicto. Con el respaldo de Alemania, Austria declaró la guerra a Serbia después de que esta se negara a someterse a todas las exigencias austriacas.

Poco después, Rusia acudió en ayuda de Serbia. Alemania cumplió su promesa de apoyar a Austria y le devolvió el favor declarando la guerra a Rusia. Al final, Rusia, Gran Bretaña y Francia acabaron declarando la guerra a Alemania. Por su parte, Alemania apuntaló a sus aliados de Austria-Hungría y el Imperio otomano, este último se unió a la guerra en octubre de 1914.

Europa occidental se convirtió rápidamente en el frente de un campo de batalla. Los alemanes temían desde hacía tiempo tener que librar una guerra en dos frentes, pero ahora, enfrentados a los rusos en el este y a británicos y franceses en el oeste, no tenían más remedio que hacerlo. Los planificadores de guerra alemanes promulgaron el Plan Schlieffen. El plan, llamado así por su arquitecto, el mariscal de campo Alfred von Schlieffen, había sido concebido una década antes, en 1905. Schlieffen murió en 1913, un año entero antes del estallido de la Primera Guerra Mundial en 1914. El plan de Schlieffen preveía un avance concentrado de las fuerzas armadas alemanas a través de Bélgica y luego directamente hacia el sur, hasta París, con el fin de asestar un golpe de gracia a los franceses. Esto permitiría a los alemanes concentrar todo su poderío armado contra los rusos en el este.

El único problema de esto era que significaba que Alemania tendría que violar las normas internacionales invadiendo la neutral Bélgica. Antes de invadir, los alemanes solicitaron al gobierno belga que les diera permiso para desplazar tropas por su territorio. Dado que Bélgica estaba decidida a permanecer neutral, los belgas se negaron a acceder a estas peticiones. No dispuesto a aceptar un no por respuesta, el ejército alemán entró por la fuerza en Bélgica.

El plan Schlieffen no saldría tan bien como se esperaba. Gran Bretaña se unió a la guerra una vez invadida Bélgica. Las fuerzas alemanas se estancaron y se detuvieron en Francia, aún bastante lejos de la capital francesa, París. Las fuerzas alemanas se atrincheraron cavando trincheras, literalmente. La infame guerra de trincheras del frente occidental vio a ambos bandos enzarzados en un sangriento estancamiento de combates interminables, sin que ninguno de ellos cediera mucho terreno. Las líneas estaban claramente trazadas por largas trincheras, rematadas con alambre de espino. Ambos bandos hicieron uso de las últimas herramientas industriales de muerte y destrucción, como ametralladoras, granadas de mano e incluso armas químicas.

Mientras el conflicto en el frente occidental se estancaba, los alemanes lograron considerables avances en el frente oriental. Dirigidas por el héroe de guerra alemán Paul von Hindenburg, las fuerzas armadas alemanas machacaron a un Ejército Imperial ruso cada vez más inestable y mal equipado. A los alemanes les ayudó aún más el caos político en Rusia. La Revolución rusa estalló en 1917, y fue seguida por una toma del poder comunista. Los comunistas no tenían interés en seguir luchando en una guerra que había sido iniciada por el ahora depuesto zar ruso y trataron de ponerle fin. El resultado fue el Tratado de Brest-Litovsk en marzo de 1918. Esto puso fin a la lucha alemana en el este y renovó la esperanza entre muchos alemanes de que la guerra podría ganarse en el oeste.

Sin embargo, esto no iba a ser así. Los estadounidenses se unieron al conflicto y los aliados occidentales siguieron machacando a los alemanes en el frente occidental. El ejército alemán se quedó sin moral ni suministros. El gobierno alemán se vio obligado a ver la escritura en la pared. El alto mando alemán capituló, Guillermo II abdicó y entró en vigor el Tratado de Versalles de 1919.

El tratado que puso fin a la Primera Guerra Mundial es importante porque, en muchos sentidos, sus duros términos condujeron a la Segunda Guerra Mundial. El tratado provocó dolorosas pérdidas territoriales, como la cesión de Alsacia-Lorena a Francia y la pérdida de Danzig (la moderna Gdansk). Las fuerzas aliadas continuaron ocupando activamente la Renania que limitaba con Alemania y Francia, un espectáculo que sería una continua monstruosidad para los alemanes en los años venideros. El ejército alemán se vio obligado a entrar en un estado de desarme. Pero aún peor fueron las reparaciones que exigió Francia, que esencialmente llevarían a la quiebra a la ya de por sí maltrecha economía alemana. No se tuvieron en cuenta estas cosas al final de la guerra; las fuerzas aliadas habían perdido muchos hombres luchando contra los alemanes, y querían daños punitivos.

Alemania se estaba convirtiendo en un paria y no había muchas esperanzas de escapar de la situación. Los políticos radicales alemanes utilizarían estos sentimientos de desesperación y rabia para ganar adeptos entre las desilusionadas masas alemanas.

Sin embargo, estas oscuras corrientes subterráneas tardarían algún tiempo en salir a la superficie. El gobierno que sucedió al derrocado Imperio alemán de Guillermo II era muy distinto del que llegarían a formar estos descontentos de posguerra. En 1919, tras el Tratado de Versalles, se fundó una república bastante liberal y progresista, la República de Weimar.

La República de Weimar fue una extraña mezcla de socialismo y conservadurismo. Esta república con conciencia social buscaba ayudar a sus ciudadanos económicamente deprimidos, mientras que ciertas facciones pedían un retorno a la Alemania de antaño.

En medio de todo esto, se fundó el Partido Comunista de Alemania. Los comunistas se inspiraron en la Revolución rusa de 1917 e intentaron provocar algo similar en Alemania. Presionaron para derrocar a la República de Weimar en 1919. Fracasaron, pero ese mismo año, otro alemán descontento llamado Adolf Hitler se unió a un grupo radical llamado Partido Nacionalsocialista Obrero Alemán (más conocido hoy como Partido Nazi).

Hitler era un antiguo artista convertido en soldado que había luchado en la Primera Guerra Mundial. Creía que Alemania había sido traicionada desde dentro por burócratas conspiradores y trató de convertir a los judíos en chivos expiatorios. Los judíos habían vivido en Europa Central durante siglos y se habían asimilado bien a la sociedad alemana en el siglo XX. Sin embargo, Hitler hacía todo lo posible por pintarlos a la vez como los auténticos intrusos y marginados. Eran forasteros en el sentido de que se los presentaba como no verdaderos alemanes, aunque sus familias tuvieran raíces que se remontaban hasta los días del Sacro Imperio Romano Germánico. Hitler y sus seguidores nazis también describieron a los judíos como ruines iniciados. Dijeron que los judíos estaban tan bien conectados con la maquinaria gubernamental de Alemania que habían apuñalado a Alemania por la espalda durante la Primera Guerra Mundial, moviendo los hilos entre bastidores y presionando para que se llegara a un armisticio.

Hitler, exaltado por esta retórica despiadada, dirigió a sus furiosos seguidores en el Beer Hall Pusch de 1923, que intentó derrocar a la República de Weimar. Este empuje, al igual que el intento comunista de unos años antes, fracasó estrepitosamente, y Hitler y sus secuaces fueron arrestados o expulsados al exilio.

Las condiciones de la República de Weimar se deterioraron considerablemente tras el crack bursátil de 1929. La depresión económica mundial es más conocida por los estadounidenses como la Gran Depresión. Los alemanes estaban descontentos y desesperados por conseguir algo positivo. En este contexto, un Adolf Hitler recientemente indultado hizo un sorprendente regreso. No es frecuente que alguien pueda ser encarcelado por planear un golpe de Estado, solo para ser indultado y completamente rehabilitado a los ojos de la opinión pública. Sin embargo, esto fue lo que ocurrió con Hitler. El hombre que había sido juzgado anteriormente como un traidor era visto ahora por muchos como un patriota.

Esta vez, Hitler decidió que él y el Partido Nazi no intentarían derrocar al gobierno por la fuerza, sino a través de las urnas. El Partido Nazi se presentó a las elecciones y acabó ganando a lo grande en las elecciones de 1932. Los nazis obtuvieron un tercio de los votos, lo que los convirtió en un verdadero actor de poder en el *Reichstag* (el Parlamento alemán).

Los más vulnerables a la agresión nazi —los judíos de Alemania— observaron estos acontecimientos con horror. Para muchos, la escritura en la pared ya estaba bastante clara. Muchos de los que pudieron hacerlo ya estaban planeando un posible éxodo de Alemania. Entre ellos se encontraba un estimado físico llamado Albert Einstein.

Alemania se había convertido en un centro de grandes y profundas mentes científicas en las primeras décadas del siglo XX, con figuras notables como Max Planck, Werner Heisenberg y Albert Einstein, solo por nombrar algunos, que alcanzaron gran prominencia por sus notables descubrimientos científicos. Einstein era de ascendencia judía e intuyó lo que podría significar el ascenso del Partido Nazi. No perdió tiempo en hacer los preparativos para salir del país antes de que fuera demasiado tarde. Él y su esposa Elsa abandonaron Alemania el 10 de diciembre de 1932, y nunca miraron atrás. Debido a la intolerancia del Partido Nazi, Albert Einstein nunca regresó a la tierra que lo vio nacer.

El 30 de enero de 1933, Adolf Hitler se convirtió en canciller de Alemania. Esto lo convirtió en la segunda persona más poderosa de Alemania después del envejecido presidente, Paul von Hindenburg. El 27 de febrero de 1933, un joven holandés llamado Martin van der Lubbe intentó incendiar el Reichstag.

Aunque algunos historiadores han debatido sus motivos, al parecer era un simpatizante comunista. Sea como fuere, Hitler utilizó este atentado terrorista como excusa para declarar el estado de excepción y convenció a Hindenburg para que le concediera poderes de emergencia mediante la Ley Habilitante, que esencialmente lo convertía en dictador. Hindenburg moriría al año siguiente, y Hitler mantuvo el control absoluto.

Hitler cimentó aún más su control sobre la sociedad alemana, silenciando cualquier oposición a su régimen. En el verano de 1934, durante lo que se denominó la «Noche de los cuchillos largos», se produjo una purga interna. Hitler y su subordinado Heinrich Himmler, que dirigía las SS (Schutzstaffel) y la Gestapo, comenzaron a atacar a otro brazo de los ejecutores nazis conocido como las SA (*Sturmabteilung*). Las SA eran un grupo paramilitar más antiguo del Partido Nazi que se remontaba a la década de 1920. Su líder, Ernst Röhm, desempeñó un papel importante en el ascenso de Hitler al poder, pero desde entonces había caído en desgracia. Hitler estaba intentando ganarse el pleno apoyo de las fuerzas armadas alemanas en aquel momento y la mayoría de los altos mandos no veían con muy buenos ojos a las SA, cuyos miembros eran conocidos por ser matones desordenados y borrachos en el mejor de los casos, y criminales redomados en el peor.

Los generales y almirantes alemanes querían que Hitler se deshiciera de ellas, y Hitler estaba dispuesto a hacerlo si con ello conseguía el apoyo de los militares alemanes. Las SS se hicieron cargo de las oficinas de las SA, y Henrich Himmler se convirtió en *Reichsführer* de las SS («*líder de las SS del Reich*»), allanando el camino para su propio ascenso al poder dentro de la jerarquía nazi. Los nazis justificaron la purga sugiriendo que Röhm y las SA estaban conspirando para derrocar al gobierno.

Con el ejército de su lado, Hitler comenzó a rearmar al gobierno alemán. En 1935, Alemania violaba claramente el Tratado de Versalles, ya que se habían desplegado aviones alemanes en los cielos de Alemania. Al año siguiente, 1936, las tropas alemanas se adentraron en Renania. Las potencias aliadas observaban en silencio.

Esto inició un proceso de apaciguamiento que duraría hasta que Alemania invadió Polonia en 1939. Aunque el mundo se quedó de brazos cruzados ante el acaparamiento de tierras, la invasión de Polonia no pudo ser ignorada. Gran Bretaña y Francia declararon la guerra a Alemania, y esta les devolvió el favor. La Segunda Guerra Mundial había comenzado oficialmente.

A diferencia de la Primera Guerra Mundial, este conflicto no comenzó como una guerra de dos frentes para los alemanes. En la primera fase de la Segunda Guerra Mundial, los alemanes no tuvieron que luchar contra los rusos en el frente oriental. Al contrario, los rusos colaboraban con ellos. Antes de la invasión de Polonia, el gobierno alemán firmó un pacto de no agresión con la Rusia soviética. Sin que el resto del mundo lo supiera, había una disposición secreta en el pacto que acordaba una división de Polonia. Como resultado, Polonia quedó dividida en dos; los alemanes ocuparon Polonia occidental y los soviéticos se instalaron en Polonia oriental.

Con su flanco oriental asegurado, en 1940, la maquinaria bélica alemana rodó hacia el norte, a Dinamarca y Noruega, antes de dirigirse hacia el oeste, a los Países Bajos y Bélgica. Sí, los alemanes volvían a atravesar Bélgica para llegar a Francia, pero a diferencia de la Primera Guerra Mundial, la maquinaria bélica alemana no se estancaría en un páramo de trincheras. Al contrario, las fuerzas alemanas asestarían a Francia un golpe de gracia.

Justo cuando Francia estaba a punto de capitular, Italia entró en la guerra del lado de Alemania, declarando la guerra a una Francia ya prácticamente derrotada el 10 de junio de 1940. El 25 de junio de 1940, los franceses capitularon ante los alemanes y firmaron un armisticio.

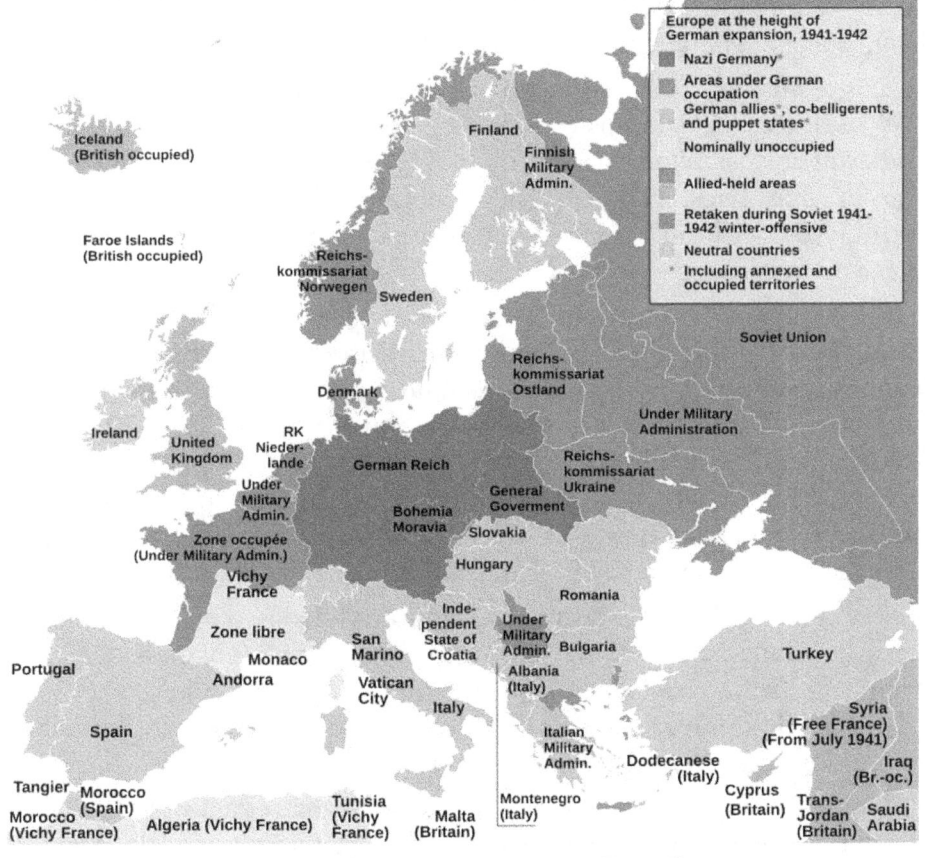

Apogeo de la expansión alemana en Europa[11]

Gran Bretaña se convirtió en la única potencia que quedaba en pie en el camino hacia la completa dominación alemana de Europa Occidental. Los alemanes lanzaron una brutal guerra aérea contra Gran Bretaña, que se conocería como la batalla de Inglaterra. Sin embargo, las defensas británicas resultaron sorprendentemente eficaces, y los alemanes desecharon finalmente sus planes de invadir Gran Bretaña. Frustrado por la resistencia británica, Hitler empezó a mirar hacia el este. En junio de 1941, hizo lo impensable al traicionar a los rusos. Bajo el nombre en clave de Operación Barbarroja, se desató una guerra contra la Rusia soviética. Inicialmente, los alemanes obtuvieron enormes ganancias. Los rusos fueron cogidos por sorpresa y fueron empujados muy atrás hacia el interior.

Mientras tanto, el otro aliado de Alemania, Japón, sacudió el barco cuando lanzó repentinamente un ataque no provocado contra una base naval estadounidense en Pearl Harbor, Hawái. El ataque se produjo el 7 de diciembre de 1941. Este incidente arrastró finalmente a Estados Unidos a la Segunda Guerra Mundial.

Los alemanes, en su empuje hacia el este, llegaron hasta Moscú, pero con las líneas de suministro estiradas hasta su punto de ruptura, no pudieron ir más allá. En el verano de 1942, los alemanes intentaron avanzar más hacia el sur para apoderarse de los ricos yacimientos petrolíferos del Cáucaso ruso. Hacerlo habría resuelto su problema de líneas de suministro.

Sin embargo, los grupos del ejército alemán encargados de esta hazaña serían aplastados en Stalingrado. Para entonces, Estados Unidos había realizado importantes avances tanto contra Japón como contra las fuerzas alemanas e italianas del Eje en el norte de África y el Mediterráneo, sellando aún más la perdición de Alemania. Con los alemanes realizando una lenta y sangrienta retirada desde el este, los Aliados se lanzaron desde el oeste, desembarcando en la Normandía ocupada por los alemanes, Francia, el 6 de junio de 1944.

Las fuerzas alemanas seguirían siendo apretadas por ambos bandos hasta que finalmente se vieron obligadas a rendirse en mayo de 1945. Alemania había sido derrotada en otra guerra mundial, y el loco arquitecto de este drama, Adolf Hitler, estaba muerto en un búnker de Berlín por un aparente suicidio.

Hitler murió junto a su recién casada esposa, Eva Braun, el 30 de abril de 1945. Se suicidó justo cuando los Aliados se acercaban. Fiel a su naturaleza obstinada, se negó a asumir ninguna culpa por la catástrofe que se había abatido sobre Alemania. En su llamado último testamento, hizo todo lo posible para intentar quitarse cualquier responsabilidad de encima.

Esta última misiva, escrita por Hitler justo un día antes de su suicidio, fue encontrada más tarde, metida en el fondo de un maletín que había sido arrojado a un pozo. Al parecer había sido colocada allí por un hombre llamado Wilhelm Zander, que era uno de los ayudantes del subordinado de Hitler, Martin Bormann[i].

El testamento final de Adolf Hitler contiene su negativa rotunda a asumir la responsabilidad de cualquiera de sus acciones. En palabras de Hitler: «Yo mismo y mi esposa —para escapar a la deshonra de la deposición o la capitulación— elegimos la muerte. Es nuestro deseo ser quemados inmediatamente en el lugar donde he llevado a cabo la mayor parte de mi trabajo diario en el curso de doce años de servicio a mi pueblo»[ii].

A pesar de todas las negaciones de Hitler, solo después del final de la guerra se darían a conocer todos los horrores del Holocausto. Antes de esto, el mundo exterior solo tenía meros atisbos de la hostilidad que el régimen de Hitler había desatado.

Aunque no se conocía la totalidad de su alcance, había habido algunos indicadores claros de que se habían tomado medidas abusivas contra los residentes judíos. Incidentes inquietantes como la *Kristallnacht*, o «Noche de los cristales rotos», en la que se destruyeron comercios judíos y se acosó a residentes judíos, habían conseguido llegar a la prensa internacional.

Este suceso ocurrió el 9 de noviembre de 1938. Fue un acto atroz de supuesto castigo colectivo después de que un miembro del personal de la embajada alemana en París fuera asesinado por un judío alemán. En realidad, esta primera embestida de odio contra los judíos no salió tan bien como esperaban los nazis. Había muchos alemanes alarmados por lo que estaba ocurriendo. Quizás no estaban lo suficientemente alarmados como para ponerle fin realmente, pero fue lo suficiente como para que los nazis se volvieran un poco más discretos sobre cómo llevaban a cabo su persecución de grupos de personas.

---

[i] Bill O'Reilly. *Hitler's Last Days: The Death of the Nazi Regime and the World's Most Notorious Dictator*. 2015. Págs. 453-454.

[ii] Bill O'Reilly. *Hitler's Last Days: The Death of the Nazi Regime and the World's Most Notorious Dictator*. 2015. Pág. 456.

Una vez que los nazis tuvieron el control total de su dominio, se aseguraron de cubrir sus huellas y se mantuvo en silencio todo el alcance de lo que estaba ocurriendo. Los judíos eran cargados en vagones de tren y enviados a campos de concentración. El alemán medio no entendía muy bien cuál era realmente el destino de sus vecinos judíos. Esto, por supuesto, no es excusa para su silencio, pero la mayoría no tenía ni idea de adónde llevaban a los judíos y cuál sería el resultado final.

Los alemanes mantuvieron en secreto su insidiosa «solución final». Adolf Hitler estaba empeñado en eliminar a los judíos y a otras minorías, incluidos los prisioneros de guerra soviéticos. Al principio, la deportación era el método proscrito para deshacerse de los «indeseables». Incluso se habló de expulsar a los judíos a lugares lejanos como Siberia o Madagascar. Cuando los campos de concentración y los guetos que se habían creado en Polonia se vieron desbordados de detenidos, los nazis se dieron cuenta de que las deportaciones masivas serían demasiado costosas. En la infame Conferencia de Wannsee, celebrada el 20 de enero de 1942, los nazis decidieron emplear su cínicamente titulada «solución final».

Llevaron a cabo una masiva fachada de traslado de judíos a campos de concentración recién construidos, donde se les dijo que trabajarían y vivirían durante el resto de la guerra. Las puertas de Auschwitz incluso les daban la bienvenida con el lema «Arbeit Macht Frei» («El trabajo hace libre»). Estas almas desafortunadas fueron enviadas a ser gaseadas en las duchas u obligadas a trabajar en condiciones terribles.

Los alemanes ordenaron a los internos de los campos judíos que se ducharan para despiojarlos. La excusa que se dio fue que había un brote de piojos en los campos. Los judíos eran conducidos a una habitación que parecía una gran ducha comunal, completa con lo que parecían duchas que sobresalían de las paredes. Se los obligaba a colocarse debajo de ellas y se cerraban las puertas de la «sala de duchas» (la cámara de gas). Los guardias alemanes del exterior encendían entonces el gas. Probablemente, las víctimas miraban fijamente a los grifos, esperando que saliera agua refrescante, solo para ser rociadas con gas venenoso. Seguramente lucharon terriblemente mientras sus pulmones empezaban a fallarles, pero el gas no tardaría en hacer efecto. No todos los judíos perecieron en la cámara de gas. Aun así, millones murieron en estas horribles cámaras de gas.

La pregunta más acuciante de quienes se toparon con las secuelas de este espectáculo de horror fue, ¿por qué? La respuesta es complicada y probablemente haría falta un libro entero para empezar siquiera a comprenderla.

En primer lugar, hay que considerar los precedentes históricos que existían antes del Holocausto. El pueblo judío ha sido históricamente perseguido durante miles de años. Los judíos han entrado a menudo en conflicto con sus vecinos por diferencias ideológicas. El judaísmo es una religión que llama a la nación de Israel a ser santa y apartada.

Cuando los romanos ocuparon la región, esta postura les resultó frustrante. Los romanos deseaban extender los ideales de la cultura grecorromana por todas las tierras que ocupaban. Cuando los judíos se negaron a actuar como los romanos, ambos entraron en un conflicto ideológico.

Tras una serie de revueltas judías, llegaron las legiones romanas. Los romanos destruyeron el templo judío de Jerusalén hacia el año 70 de la era cristiana y dispersaron a la población judía. Este fue el comienzo de la diáspora judía.

Una secta judía conocida como cristianos comenzó a difundir el Evangelio por el Imperio romano. El Imperio romano se convirtió en cristiano a finales del siglo IV. Sin embargo, esto supuso más problemas para la diáspora judía, ya que los cristianos empezaron a considerar a los judíos no solo como herejes, sino como personas que rechazaban activamente a Cristo.

Solo cabe imaginar la animosidad que existía entre cristianos y judíos. A lo largo de los siglos, la diáspora judía en la Europa cristiana experimentó tanto la aceptación como la hostilidad de sus vecinos.

Adolf Hitler, por su parte, odiaba tanto a los judíos como a los cristianos. Mantuvo en silencio su odio al cristianismo, ya que sabía que cualquier movimiento contra la religión no sería factible para él en la primera fase de sus planes de dominación mundial. Sin embargo, dejó constancia ante sus asociados de que, después de acabar con los judíos, pasaría a perseguir a los cristianos. En la mente de Hitler, el cristianismo era una rama del judaísmo, que debilitaba la moral alemana. Hitler valoraba los valores germánicos del pasado pagano y prefería a Odín, Thor y Loki al Padre, el Hijo y el Espíritu Santo.

Hitler declaró en una ocasión: «El cristianismo puro —el cristianismo de las catacumbas— se ocupa de traducir la doctrina cristiana en hechos.

Conduce simplemente a la aniquilación de la humanidad. Es bolchevismo de todo corazón bajo un oropel de metafísica»[i]. Hitler creía en la supervivencia del más fuerte y despreciaba todo lo que pareciera intentar elevar a las masas. Lo veía como la «rama podrida del cristianismo» en acción.

Tales cosas habrían resultado chocantes para los alemanes de a pie, la mayoría de los cuales, a pesar de su acobardado silencio, seguían considerándose cristianos. De haberse sabido, podría haberlos inspirado a levantarse contra Hitler y sus secuaces nazis. Sin embargo, Hitler fue lo suficientemente astuto como para guardarse estas creencias para sí mismo. No obstante, Hitler deseaba en última instancia la erradicación de cualquiera que no compartiera sus puntos de vista. Para ser claros, Adolf Hitler soñaba con un futuro distópico en el que todo el mundo estuviera firmemente bajo el talón de la bota totalitaria nazi. Afortunadamente, para Alemania y el resto del mundo, ese día nunca llegó.

---

[i] Spencer, Robert. *Religion of Peace?: Why Christianity Is and Islam Isn't.* 2007. Pág. 122.

# Capítulo 10: La posguerra y la Guerra Fría

*«El olor a muerte nos sobrecogía. Más de 3.200 cuerpos desnudos y demacrados habían sido arrojados a fosas poco profundas. Otros yacían en la calle donde habían caído. Los piojos se arrastraban sobre la piel amarillenta de sus estructuras agudas y huesudas. Me sentía demasiado asqueado para hablar».*

—General Omar Bradley[i].

El 8 de mayo de 1945, la guerra en Europa llegó oficialmente a su fin. Estados Unidos y los Aliados siguieron luchando contra el antiguo aliado de Alemania, Japón, durante unos meses más, pero para Alemania la guerra se había acabado. Y con el final de la guerra llegó un gran ajuste de cuentas para el pueblo alemán.

---

[i] Bill O'Reilly. *Hitler's Last Days: The Death of the Nazi Regime and the World's Most Notorious Dictator.* 2015. Pág. 292.

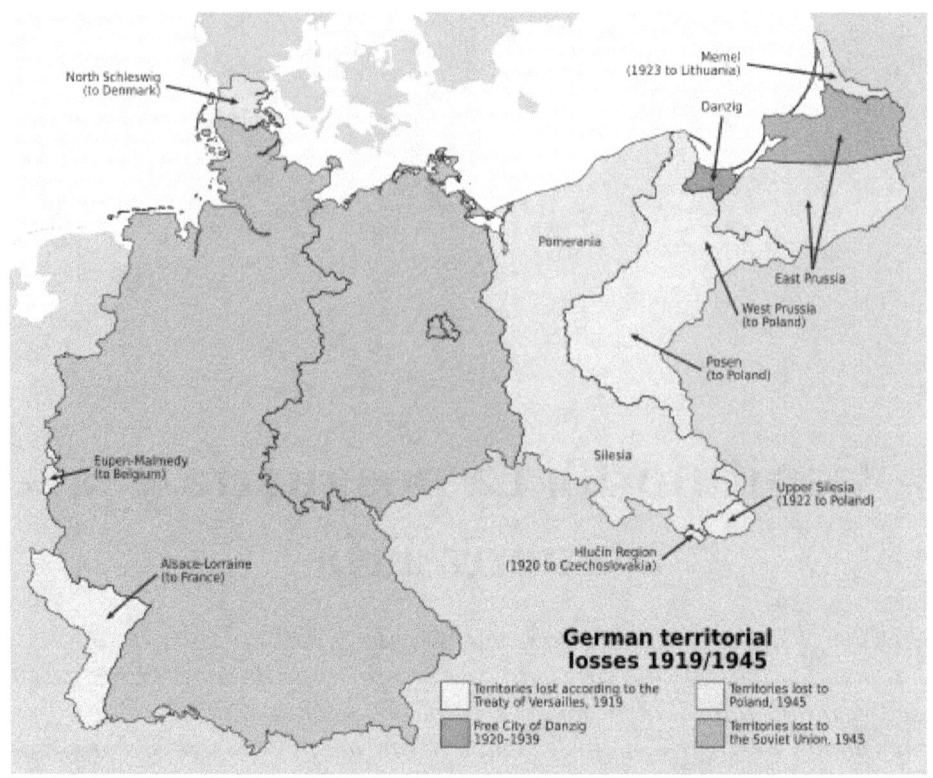

Pérdidas territoriales alemanas tras las dos guerras mundiales [13]

Alemania estaba ocupada por los estadounidenses, británicos y franceses en el oeste y los rusos en el este. Los bombardeos aliados en las últimas fases de la guerra habían reducido a ruinas la mayoría de las ciudades alemanas y habían matado a unos 4,5 millones de alemanes. Muchos de esos alemanes eran civiles.

Los supervivientes alemanes derrotados, por mucho que hubieran sufrido, no estaban en posición de condenar a sus conquistadores. Los derrotados tuvieron que buscar ayuda en aquellos que habían vencido para salir a duras penas de los escombros que habían sido su patria. También tuvieron que enfrentarse al hecho de que su nación era ahora una patria dividida.

Los alemanes descubrieron que algunos de los ocupantes eran más benignos que otros. Los soviéticos eran más brutales. Recién llegadas de la sangrienta e inquietante pesadilla que había sido el frente oriental, las tropas rusas buscaban venganza. Hay muchos relatos de rusos entrando a raudales en pueblos de Alemania Oriental, masacrando a hombres y violando a mujeres. Los rusos también saquearon y robaron cualquier cosa que pudiera considerarse valiosa. No todo esto fue espontáneo. Parte de ello fue orquestado. Hubo casos en los que los rusos desmantelaron fábricas enteras y las enviaron de vuelta al este para que pudieran ser reutilizadas y reinstaladas en Rusia.

Los franceses, aunque no tan sanguinarios como los rusos, también fueron bastante duros y se llevaron todo lo que consideraron oportuno. Después de que los estadounidenses los amonestaran, los franceses consiguieron reprimir sus sentimientos de venganza. Los estadounidenses les recordaron el Tratado de Versalles y les hicieron saber que no querían que se repitieran las repercusiones de las medidas punitivas. Nadie quería enfrentarse a otra guerra mundial. Los estadounidenses encabezaron la marcha. No querían castigar ni destruir a los alemanes, sino reconstruir la esfera de Alemania Occidental controlada por los Aliados para que, con el tiempo, pudiera valerse por sí misma.

El comunismo y las relaciones cada vez más frías de los países occidentales con la Unión Soviética se cernían sobre ellos. Los occidentales se dieron cuenta de que les convenía hacer de Alemania Occidental un país lo bastante fuerte como para erigirse en baluarte contra el comunismo invasor.

Estados Unidos lideró esta reconstrucción de Alemania mediante el Plan Marshall. Este plan fue una iniciativa de cuatro años para inyectar recursos en la Europa Occidental devastada por la guerra.

Los soviéticos tenían sus propios planes. En 1946, ayudaron a establecer un gobierno comunista en Alemania Oriental con el Partido de la Unión Socialista al frente.

Tanto Estados Unidos y sus aliados como los soviéticos tuvieron dificultades para saber qué hacer con los antiguos nazis. Parecía de sentido común deshacerse de todos ellos. Sin embargo, al profundizar en el asunto, los ocupantes descubrieron que había una gran diferencia entre los nazis «nominales» y los nazis «reales». Hacia el final del régimen nazi, casi cualquier persona que quisiera hacer algo a modo de carrera profesional tenía que afiliarse al Partido Nazi. Estas personas no se unían necesariamente al partido porque estuvieran de acuerdo con la ideología nazi; solo lo hacían para conseguir un trabajo. Por esta razón, innumerables médicos, dentistas y trabajadores de la construcción eran nazis empadronados. Los ocupantes tuvieron que aprender a no preocuparse por quién era miembro del partido (ya que la mayor parte del país lo era), sino por aquellos que desempeñaban un papel destacado en el régimen. Después de todo, había una gran diferencia entre un tipo que trabajaba todos los días de su vida como dentista y Heinrich Himmler, que era el jefe de las SS.

El 23 de mayo de 1949, las naciones occidentales fusionaron sus tres zonas de ocupación para establecer la República Federal de Alemania Occidental. Alemania estaba ahora claramente dividida entre el oeste y el este.

La capital de Alemania Occidental era Bonn. Quizá la parte más problemática de este acuerdo fue el hecho de que la antigua capital alemana de Berlín, aunque se encontraba bien dentro de la zona de influencia soviética, estaba dividida entre los aliados y los soviéticos. Esto creó inmensos problemas cuando los soviéticos decidieron cerrar el acceso a Berlín Occidental. Muchos relatos de esta historia dan la impresión de que los soviéticos hicieron tal cosa sin motivo. Era como si simplemente estuvieran flexionando su músculo y poniendo a prueba la determinación de Occidente. Pero lo que muchos recuentos omiten es el acontecimiento desencadenante que llevó a los soviéticos a actuar.

Los aliados occidentales habían acuñado una nueva moneda, el marco alemán, en Alemania Occidental y Berlín Occidental. Los soviéticos habían creado una moneda diferente para los berlineses orientales. Los problemas comenzaron cuando la moneda occidental depositada en Berlín Occidental empezó a circular en Berlín Oriental. Esto generó un grave trastorno entre los berlineses orientales e indignó a los soviéticos, que lo consideraron una violación de los acuerdos previos que había hecho Occidente para no interferir en Berlín Oriental. Este incidente llevó a los soviéticos a tomar la medida discutiblemente drástica de bloquear las carreteras a Berlín Occidental.

Este acto dio lugar al Puente Aéreo de Berlín, que se llevó a cabo entre 1948 y 1949. Se trataba de un ingenioso y audaz programa de ayuda aérea en el que estadounidenses y británicos lanzaron desde aviones paquetes de alimentos, carbón y otros artículos de primera necesidad a los ciudadanos de Berlín Occidental. Los soviéticos podían cerrar las carreteras, pero no podían cerrar los cielos. No pudieron detener por completo el flujo de mercancías.

Alemanes observando el vuelo de un avión estadounidense con suministros durante el puente aéreo de Berlín [18]

Al darse cuenta de que era inútil, los soviéticos accedieron a levantar el bloqueo. Sin embargo, no renunciaron a la idea de aislar Berlín Oriental de Occidente y los soviéticos siguieron estrechando el cerco.

En 1955, Alemania Oriental pasó a formar parte oficial del Pacto de Varsovia, que mantenía unido al bloque oriental de Estados comunistas. Alemania Oriental, a la que los comunistas habían apodado República Democrática Alemana, se había convertido en la primera línea de la Guerra Fría. Las líneas estaban ahora claramente trazadas entre los bloques occidental y oriental. A esto se añadía un amenazador alambrado de púas que se había colocado a través de las regiones fronterizas.

En ese momento, Berlín Oriental y Occidental seguían abiertas al tráfico, pero la evidente intención de dificultar estos cruces fronterizos provocó una avalancha cada vez mayor de berlineses orientales hacia Occidente. En 1961, en un esfuerzo por impedir la intromisión occidental y frenar el flujo de emigrantes de Berlín Oriental a Berlín Occidental, los comunistas empezaron a construir un enorme muro. El Muro de Berlín, como sería conocido, era un enorme tramo de hormigón. Este muro se levantó para aislar eficazmente Berlín Oriental de Berlín Occidental. Había varios puestos de control a lo largo del muro, y soldados armados vigilaban para asegurarse de que nadie intentara escalar o penetrar de otro modo esta barrera.

Al otro lado de ese muro, las cosas iban de forma muy distinta. A finales de la década de 1950, Alemania Occidental experimentó una bonanza económica conocida como el *Wirtschaftswunder*. El término se traduce aproximadamente al español como «milagro económico». ¿Por qué fue un milagro? Bueno, después de haber sido bombardeada durante la guerra, Alemania Occidental pudo reconstruir plantas industriales, aumentar la producción, exportar productos y experimentar un enorme crecimiento económico. En 1958, Alemania Occidental entró a formar parte de la Comunidad Económica Europea (CEE), precursora de lo que acabaría siendo la Unión Europea.

Los responsables de la República Democrática Alemana (RDA) temían que Alemania Oriental quedara abandonada al polvo de Alemania Occidental. Los planificadores comunistas promulgaron en 1963 el Nuevo Sistema Económico, una serie de reformas diseñadas para permitir cierta descentralización de lo que había sido una economía dirigida. También otorgó más control a los tecnócratas especializados, encargados de dirigir las operaciones más vitales de la RDA.

Estas reformas mejoraron la economía de la RDA durante algún tiempo, con un crecimiento excepcional en los años setenta. Fue bueno mientras duró, pero el fondo acabaría cayendo.

El cambio estaba en marcha. En 1971, el político alemán Erich Honecker saltó a la fama como secretario general del partido comunista de Alemania Oriental. Honecker deseaba presentarse como un hombre de partido, pero se vio arrastrado por la agitación internacional. En 1975, las denuncias de abusos de los derechos humanos dieron lugar a la histórica Declaración de Helsinki, que pretendía ofrecer algunas garantías básicas de los derechos humanos en el bloque del Este —Alemania Oriental incluida—. Tales reformas contrastaban con el Muro de Berlín y la temida Stasi, la policía secreta alemana que vigilaba todo lo que hacían los alemanes del Este.

Los alemanes orientales anhelaban cada vez más reunirse con Occidente. Abrazaban la cultura occidental, al igual que los noticiarios que llegaban de Alemania Occidental. Por mucho que los comunistas quisieran construir muros y barreras, ¡no podían detener las señales de televisión!

En 1985, el nuevo líder de la Unión Soviética, Mijaíl Gorbachov, empezó a hablar abiertamente de reformas en el seno de la Unión Soviética y en sus Estados satélites del bloque oriental. Habló tanto de *glasnost* («apertura») como de *perestroika* («reforma»). Estas eran las dos cosas que más ansiaban los alemanes orientales: la reforma gubernamental y el compromiso con una sociedad más transparente y abierta.

Esta apertura permitió que se produjeran más debates e incluso protestas contra las condiciones existentes en Alemania Oriental. Un público cada vez más audaz empezó a protestar activamente contra las restricciones bajo las que habían vivido, especialmente contra el símbolo más visible de su represión, el Muro de Berlín.

Los berlineses saludaron con vítores al presidente estadounidense Ronald Reagan en la Puerta de Brandeburgo en 1987. Reagan exigió célebremente: «¡Sr. Gorbachov, derribe este muro!». Un par de años más tarde, los alemanes ayudaron al Sr. Gorbachov a hacer precisamente eso. El 9 de noviembre de 1989, alemanes del Este y del Oeste se unieron para desmantelar el muro. Este acto fue alentado por los guardias que abrieron las puertas y permitieron a los ciudadanos pasar de un lado a otro. Incluso mientras una multitud cada vez más revoltosa trepaba y se colocaba en lo alto del muro, los guardias dejaron claro que no habría repercusiones.

Aparentemente con luz verde, los alemanes empezaron a utilizar todo lo que podían, ya fueran martillos o sus propias manos, para derribar el Muro de Berlín. Los soviéticos y sus ejecutores comunistas no hicieron prácticamente nada para impedir que se produjera este acontecimiento. Tanto el final de la Guerra Fría como la reunificación de Alemania parecían por fin cerca.

# Capítulo 11: La reunificación y algo más: La Alemania moderna

El Muro de Berlín se derrumbó en 1989. Al año siguiente, el país se uniría oficialmente en uno solo. Mientras los gritos de «Wir sind ein Volk!» (o como se traduciría en español, «¡Somos un solo pueblo!») llenaron el aire, los alemanes exigieron que se volvieran a unir las mitades antes fracturadas de su nación.

Nadie pensó que sería una tarea fácil, pero en realidad fue mucho más fácil de lo que nadie imaginaba. Con un simple trazo, el 3 de octubre de 1990, la reunificación de Alemania se hizo realidad. Con este tratado, la República Democrática Alemana fue desmantelada y Alemania Oriental fue absorbida por la república federal de Alemania Occidental. La capital de la Alemania unificada se trasladaría de Bonn a la capital tradicional de Berlín.

Estas cosas se lograron bajo el canciller de Alemania Occidental, Helmut Kohl. Como político carismático y robusto, Kohl puso en marcha un ambicioso programa de diez puntos que trazaba el camino a seguir para la plena integración de las dos mitades de Alemania en una sola nación.

Kohl fue elegido por primera vez en Alemania Occidental en 1982, y fue bajo su mandato que el Muro de Berlín cayó en 1989 y las dos mitades se unieron en 1990. De hecho, Kohl ganó su reelección en 1990, con la promesa de asegurarse de que Alemania se reunificara cuanto antes.

Una vez iniciada la unificación, estaba claro que Alemania Oriental tenía que ponerse al día para igualar el poderío industrial y económico de Alemania Occidental. Algunos extranjeros expresaron sus reservas sobre una Alemania unida y más fuerte. La revista *Time* incluso publicó un artículo poco después de la unificación en el que se preguntaba abiertamente si el mundo debía de ser cauteloso a la hora de resucitar a una Alemania que anteriormente había instigado dos conflictos mundiales.

Después de que la alegría extática por el derribo del muro y la reunificación se hubiera apagado, los propios alemanes empezaron a cuestionarse esas cosas. Es más, los alemanes empezaron a cuestionarse su propia identidad. ¿Quiénes eran? ¿Y cómo podían superar la culpa de su pasado? Hacía tiempo que los alemanes occidentales habían pedido perdón por los crímenes pasados de los nazis. Alemania Occidental había estado pagando cuantiosas indemnizaciones a Israel. Era un pequeño consuelo si se comparaba con los horrores del Holocausto, pero al menos era un esfuerzo.

Los alemanes orientales nunca se habían enfrentado realmente a su pasado. Después de la guerra, los comunistas, tratando de reforzar la moral de los alemanes orientales frente a Occidente, tergiversaron la narrativa, insistiendo en que los nazis eran una rama del capitalismo. Se educó a los alemanes orientales en la creencia de que, al hacerse comunistas, se habían distanciado de los nazis. Hasta la fecha, se dice que los alemanes occidentales son más propensos a disculparse por las atrocidades del pasado, aunque no hubieran nacido en la época en que ocurrieron, que los alemanes orientales. También se dice que los alemanes orientales son más desenvueltos y más propensos a abrazar plenamente el hecho de ser alemanes.

Helmut Kohl parecía ansioso por asegurar al mundo que Alemania había dejado atrás el viejo sentido del nacionalismo en favor de una postura más globalista. Las incursiones de Alemania en la naciente Unión Europea (UE) parecían respaldar tales afirmaciones. En 1993, la UE, tal y como la conocemos hoy, vio la luz mediante el Tratado de Maastricht. Este tratado pretendía disolver algunos aspectos de la distinción nacional en favor de la ciudadanía universal dentro de la UE. Para muchos alemanes deseosos de desprenderse de la culpa del pasado y para aquellos que se sentían demasiado desconectados como para siquiera asociarse con él, este parecía el mejor y más lógico paso adelante.

Kohl permaneció en el cargo hasta 1998, cuando fue elegido su sucesor, Gerhard Schröder. Gerhard se posicionó como un moderado. No era ni demasiado liberal ni demasiado conservador. Con Gerhard, Alemania entró en la eurozona, adoptando oficialmente la moneda de la UE (el euro) como moneda de curso legal. Gerhard permaneció en el cargo hasta 2005, cuando Angela Merkel fue elegida.

Merkel tendría que hacer frente a la crisis de la eurozona que estalló durante la Gran Recesión de 2008. Mientras otros países de la UE se tambaleaban, Alemania se mantuvo fuerte. De hecho, fue lo suficientemente fuerte como para rescatar en repetidas ocasiones a otros miembros de la UE. Una de las últimas incorporaciones a la UE, Grecia, ha sido uno de los principales receptores de la ayuda alemana.

El hecho de que Grecia acabara debiendo tanto dinero a Alemania en concepto de préstamos de rescate crearía posteriormente mucho resentimiento entre los griegos. Este resentimiento llegó a su punto álgido en 2015, cuando el primer ministro griego, Alexis Tsipras, empezó a sugerir que no debería ser Grecia la que pagara a Alemania, sino Alemania la que pagara a Grecia. Esto se debía a un nuevo impulso para que Alemania pagara reparaciones por su participación en la invasión y ocupación de Grecia en la Segunda Guerra Mundial. Estas cosas no eran muy populares entre la opinión pública alemana, que sentía que ya había hecho más que suficiente desde el final de la guerra en 1945.

Estas discusiones aún estaban en curso cuando Alemania y gran parte del resto del mundo se vieron sacudidos por una pandemia global. Alemania experimentó sus primeros casos ya en enero de 2020.

La respuesta de Angela Merkel fue enviar inmediatamente a la nación al aislamiento para evitar una mayor propagación de la enfermedad. Sin embargo, esto tuvo un efecto nefasto en la economía, ya que significó que nadie trabajaba. El descontento con estos resultados hizo que Angela Merkel abandonara el poder tras dieciséis años de liderazgo. Fue sustituida por un político más liberal, Olaf Scholz.

Desde que se convirtió en canciller, el mayor problema al que se ha enfrentado Scholz hasta ahora es la invasión rusa de Ucrania, que se produjo en febrero de 2022. Alemania, junto con el resto de la UE, Gran Bretaña y Estados Unidos, ha apoyado firmemente a Ucrania en su lucha contra Rusia.

Además de abrir sus billeteras, los alemanes también han abierto sus puertas, acogiendo a más de un millón de refugiados procedentes de Ucrania, Siria y otros países. Durante la primera mitad del siglo XX, nadie imaginaba que Alemania fuera un lugar tan acogedor, pero hasta ahora, las primeras décadas del siglo XXI han cambiado considerablemente esa opinión.

# Conclusión

Es habitual que las naciones de todo el mundo adopten alguna forma de patriotismo, algún sentido del nacionalismo. Los estadounidenses cantan el himno «The Star-Spangled Banner» y los británicos enarbolan con orgullo la *Union Jack*. Los alemanes llevan mucho tiempo buscando tener algún tipo de identidad nacional. Sin embargo, su búsqueda del reconocimiento nacional ha sido sumamente difícil y suele verse frustrada por las nociones preconcebidas de los forasteros.

Al principio de la historia registrada de Alemania, los romanos observaron una cultura e incluso una actitud distinta entre las tribus guerreras de Europa Central. Los observadores romanos admiraban no solo la destreza marcial de estos guerreros, sino también su sentido del honor. Los guerreros parecían sentir un profundo respeto por los lazos familiares y tribales. Estas cosas, a una escala mucho menor, forman el núcleo mismo de la identidad nacional. Podría decirse que una nación de personas es esencialmente una gigantesca familia extendida de leyes, costumbres y valores compartidos.

Los francos, a los que los historiadores también vinculan con la historia de Francia, vieron cómo su rey guerrero, Clodoveo, intentaba convertirse en un nuevo emperador romano. Carlomagno el Grande tendría éxito en esta tarea, siendo coronado oficialmente como tal en el año 800 e. c. por el papa. Esto dio inicio al Sacro Imperio Romano Germánico, un conglomerado de estados de Europa central tan confuso y desconcertante que proporcionó un excelente material para el escritor satírico francés Voltaire. Bromeaba diciendo que el reino no era realmente un imperio, ni romano, ¡o siquiera santo!

Tras la disolución del Sacro Imperio Romano Germánico, gracias a las acciones de Napoleón Bonaparte, Prusia y Austria adquirieron importancia. Ambos eran reinos de habla alemana, pero el sentido del nacionalismo en ambos era muy diferente. Más que nacionalismo, ambos tendían a abrazar el cosmopolitismo. Sin embargo, cuando Prusia se apoderó del resto de los estados alemanes del oeste y forjó su *Reich* (o imperio), surgió un sentimiento de nacionalismo alemán que había permanecido latente durante mucho tiempo.

Este sentido del lugar único de Alemania en el mundo se alimentó durante y después de la Primera Guerra Mundial. Luego levantó su fea cabeza de forma espantosa durante la Segunda Guerra Mundial. Después de que esta pesadilla llegara a su fin, muchos, tanto fuera como dentro de Alemania, empezaron a decir: «Nunca más». Y para la mayoría, la respuesta para que nunca ocurrieran cosas tan terribles en suelo alemán era deshacerse de cualquier sentimiento de identidad alemana.

Por esta razón, los alemanes de hoy se muestran más reacios a la idea de nacionalismo. Para ellos, el término «nacionalista» es casi como una palabra despectiva. Los alemanes, en su mayoría, quieren abrazar el globalismo internacional, los partidos multinacionales y formar parte de organizaciones supranacionales como la Unión Europea.

Ha sido un camino duro para los habitantes de Europa Central que aspiran a participar en lo que equivale a una sociedad posalemana. Pero es de esperar que, mientras recorren este camino difícil y sinuoso, esta nación encuentre un futuro mucho más brillante y significativo.

# Vea más libros escritos por Enthralling History

# Referencias

Coy, Jason Philip. *A Brief History of Germany.* 2010.

Detwiler, Donald. *Germany: A Short History.* 1976.

Ozment, Steven. *A Mighty Fortress.* 2004.

Benjamin G., Craig. *The Big History of Civilizations.* 2016.

Murray, V. *The Crusades: An Encyclopedia.* 2006.

McGiffert, Cushman. *Martin Luther: The Man and His Work.* 1911.

Gibson, Andrew. *Modernity and the Political Fix.* 2019.

Spencer, Robert. *Religion of Peace?: Why Christianity Is and Islam Isn't.* 2007.

McCabe, Joseph. *A History of the Popes.* 1939.

Middleton, John. *World Monarchies and Dynasties.* 2005.

Pelican, Jaroslav. *Credo: Historical and Theological Guide to Creeds and Confessions of Faith.* 2014.

O'Reilly Bill. *Hitler's Last Days: The Death of the Nazi Regime and the World's Most Notorious Dictator.* 2015.

Retallack, James. *Imperial Germany: 1871-1918.* 2008.

*The New English Bible with the Apocrypha.* 1970.

# Fuentes de imágenes

1 Bullenwächter, CC BY 3.0 <https://creativecommons.org/licenses/by/3.0>, vía Wikimedia Commons; https://commons.wikimedia.org/wiki/File:Bronze_figure_of_a_German_Biblioth%C3%A8que_Nationale.jpg
2 User:MapMaster, CC BY-SA 2.5 <https://creativecommons.org/licenses/by-sa/2.5>, vía Wikimedia Commons; https://commons.wikimedia.org/wiki/File:Invasions_of_the_Roman_Empire_1.png
3 Mapa en blanco de Europa.svg: maix¿?obra derivada: Alphathon, CC BY-SA 4.0 <https://creativecommons.org/licenses/by-sa/4.0>, vía Wikimedia Commons; https://commons.wikimedia.org/wiki/File:Francia_814.svg
4 Sacro Imperio Romano Germánico 1000 map-fr.svg: Sémhurderivative work: OwenBlacker | Discussion, CC BY-SA 3.0 <https://creativecommons.org/licenses/by-sa/3.0>, vía Wikimedia Commons; https://commons.wikimedia.org/wiki/File:Holy_Roman_Empire_11th_century_map-en.svg
5 https://commons.wikimedia.org/wiki/File:Friedrich_I._Barbarossa.jpg
6 https://commons.wikimedia.org/wiki/File:Peter_Janssen,_Kaiser_Friedrich_II.jpg
7 https://commons.wikimedia.org/wiki/File:Luther_at_the_Diet_of_Worms.jpg
8 Map_Thirty_Years_War-fr.svg: historicairderivative work: P. S. Burton, CC BY-SA 2.5 <https://creativecommons.org/licenses/by-sa/2.5>, vía Wikimedia Commons; https://commons.wikimedia.org/wiki/File:Map_Thirty_Years_War-en.svg
9 https://commons.wikimedia.org/wiki/File:Friedrich_der_Gro%C3%9Fe_(1781_or_1786)_-_Google_Art_Project.jpg
10 Deutsches_Reich1.png: kgbergerderivative work: Wiggy!, CC BY-SA 2.5 <https://creativecommons.org/licenses/by-sa/2.5>, vía Wikimedia Commons; https://commons.wikimedia.org/wiki/File:Deutsches_Reich_(1871-1918)-en.png

11 Goran tek-en, CC BY-SA 4.0 <https://creativecommons.org/licenses/by-sa/4.0>, vía Wikimedia Commons; https://commons.wikimedia.org/wiki/File:World_War_II_in_Europe,_1942.svg

12 Aeroid, CC BY-SA 4.0 <https://creativecommons.org/licenses/by-sa/4.0>, vía Wikimedia Commons; https://commons.wikimedia.org/wiki/File:German_territorial_losses_1919_and_1945.svg

13 https://commons.wikimedia.org/wiki/File:C-54landingattemplehof.jpg

www.ingramcontent.com/pod-product-compliance
Lightning Source LLC
Chambersburg PA
CBHW070340010526
44107CB00004B/563